BIENVENUE À MAJORQUE !

© SANNIELY – ISTOCKPHOTO

Cathédrale de Palma de Majorque.

Comment mettre des mots sur les îles Baléares qui sont, avant toute chose, une expérience sensorielle ? Pour réellement les appréhender, il faut s'imprégner de l'atmosphère magique et exaltante qui y règne et qui agit comme un aimant sur tous ceux qui y posent un pied. Il est vrai que certaines parties de ces îles ont été sacrifiées au tourisme de [illegible] mais, heureusement, cela n'en représente qu'une infime portion [illegible] sa propre énergie, à la fois inattendue et éblouissante. Majorque [illegible] se trouve la capitale administr[illegible] Baléares [illegible] sa richesse culturelle et ses [illegible] Palma nous emmène dans un [illegible] à l'authenticité. Les sommets [illegible] de Formentor, les criques et les plages sauvages [illegible] d'orangers de Sollenous renvoie[illegible] à un peu plus d'humilité [illegible] nature majestueuse qui a repris les pleins pouvoirs. Pour les amateurs d'Histoire, les vestiges romains d'Alcúdia, les grottes de Porto Cristo et le patrimoine architectural de Palma offrent un véritable voyage à travers les siècles. Très touristique sur certaines zones déterminées, Majorque conserve cependant tout le charme de ses villages d'intérieur, comme Valldemosa, Artà ou Sineu, où vous pourrez vivre au rythme tranquille de ses habitants.

© SCHEPNIY – ADOBE STOCK

Cala Formentor, Palma de Mallorca.

SOMMAIRE

DÉCOUVERTE

VISITE

© HERVÉ BERNARD – ICONOTEC

Puerto de Valldemossa.

MER MEDITERRANEE
Punta Beca
Cala de da Calobra
Sa Calobra
Monastèr de Lluch
Puig Major 1445
Port Sollér
Mirador Ses Barques
Masanel 1348
Sóller
Fornalutx
Embalse de Cuber
Biniaraix
Deiá
Mirador de Ses Pites
Col de Sóller 500 m
Valldemossa
Alaro
Lloset
Banyalbufar
Chartreuse
Binissalem
Serra de Tramuntana
La Granja
Consell
Estellencs
Esporles
Santa Maria
Mirador de Ricardo Roca
La Cabaneta
Galatzo 1026 m
Son Ferriol
Sant Elm
Puigpunyent
PALMA DE MALLORCA
Isla de Sa Dragónera
Andratx
Castillo de Bellver
Port Andratx
Calviá
Portals
Cala Fornells
Paguera
Palmanova
Ciudad Jardin
Coll den Rebassa
Playa Ciudad Jardin
Ca'n Pastilla
ses Illetes
Cala Major
I. de la Caleta
las Maravillas
Playa de Palma
El Arenal
Camp de Mar
Magaluf
Bahìa de Palma
Llucmajo
Portals Vells
Cala Blava
Cap de Cala Figueira
Badia Grande
Capicorp
Valigornera
Cap Blanc
Cala Pi
Barcelone
Minorque
Valence
Ibiza
Majorque
Formentera

Majorque

Cap Formentor
Mirador d'Es Colomer
Cala Sant Vicenç
Bahía de Pollena
Castell
Serra de Tramuntana
Port Pollença
Cap del Pinar
Alcúdia
Pollença
Ermita de la Mare de Déu del Puig
Théâtre romain
Tomir 1103 m
Port d'Alcúdia
Campanet
Parc naturel de S'albufera
Cuevas de Campanet
Bahía de Alcúdia
Cap Ferrutx
Ca'n Picafort
Sa Pobla
Morei 562 m
Cala Mesquida
Cap d'Es Freu
Selva
Serra Nova
S'Estanyola
Ermita de Betlem
Cala Mesquida
Muro
Isla Ravenna
Cala Ratjada
Punta de Capdepera
Inca
Llubi
Santa Margarita
San Serra de Marina
Artà
Capdepera
Sa Costa des Pins
Cala de sa Font
Maria de la Salud
Torre de Canyamel
Cuevas de Artá
Sancelles
Sineu
Arlany
Cala Canyamel
Petra
Sant Llorenç
Son Servera
Calla Bona
Sant Joan
Sanctuaire de Bon Any
Cala Millor
Montuiri
Manacor
Punta de Amer
Algaida
Villafranca de Bonany
Porto Cristo
Cuevas d'els Hams
Cuevas del Drach
Randa
Porreres
Sanctuaire de la Mère de Dieu de Cura
Felanitx
Sanctuaire San Salvador
Calas de Mallorca
Cala Murada
Campos
Porto Colom
Calonge
St Alqueria Blanca
Cala Serena
Porto Petro
Cala d'Or
La Rápita
Cala Llonga
Ses Salines
Santanyi
Platja des Trencs
Cala Figuera
Colonia de Sant Jordi
P. els Dols
Estany des Tamarelis
Cala Santanyi
Platja de ses Roquetes
Estany de ses Gambes
Platja d'es Caragot
Cap de Salinas
N
0
10 km
Ile de Cabrera

Paysage côtier près de Valldemossa.

DÉCOUVERTE

LES PLUS DE MAJORQUE

Le climat

Si l'archipel des Baléares fait partie des premières destinations touristiques européennes, c'est en grande partie pour son climat. De juin à octobre, la température est proche des 30 °C, et la pluie est très rare en été. Les possibilités de rafraîchissement seront donc une petite baignade (la température de la mer est en moyenne de 25 °C en été), ou bien la visite de l'intérieur des terres, où l'air y est plus frais (la Serra de Tramuntana culmine à plus de 1 400 m). En hiver, le thermomètre ne descend que rarement au-dessous de 0 °C.

© BALATE DORIN – SHUTTERSTOCK.COM

Playa de Formentor.

La diversité des paysages

Elle serait bien triste, cette île, si nous ne l'aimions que pour son climat ! Plaines, plages de sable fin, côtes découpées en criques minuscules, forêts de pins et garrigues, villages reculés et bourdonnements urbains… Majorque, c'est tout cela à la fois. La nature demeure variée et omniprésente malgré les quelques épidémies bétonneuses de l'industrie du tourisme. Alors bien sûr, on revient avec des clichés de cartes postales : bikinis et mer turquoise bordée de sable doré. Mais les photos retiennent aussi les pentes abruptes de la montagne, les murailles médiévales, les moulins à vent, les miradors et belvédères. Autrement dit, à Majorque, les amateurs de dépaysement peuvent s'abreuver bien au-delà de leur soif.

Des vestiges historiques

Loin des bibliothèques poussiéreuses et des musées, celui qui voudra s'ouvrir à l'histoire de la Méditerranée trouvera ici un terrain de jeu unique et passionnant. Il suffit qu'il se promène dans les paysages grandioses de ces îles pour découvrir les multiples coins d'œil au passé, des restes du théâtre romain de Pollença aux remparts maures d'Alcúdia, en passant par les villages historiques. Quatre mille ans d'humanité sont là, à ciel ouvert. Passionnant.

Pour votre information

Les Baléares sont la deuxième destination touristique la plus visitée d'Espagne (après la Catalogne) et accueillent chaque année plus de 10 millions de visiteurs, la plupart originaires du Royaume-Uni et d'Allemagne. Vous l'aurez compris... vous ne serez pas tout seul ! Pour ceux qui sont à la recherche de tranquillité et de détente, il est conseillé de réaliser son séjour entre mai et juin ou à partir de septembre. La température sera tout aussi clémente, les prix beaucoup moins élevés et les hordes de touristes pas toujours très civilisés seront évitées. Pour ceux obligés de prendre leurs vacances en juillet ou en août, il est préférable d'aller dans l'intérieur des terres et les hôtels ruraux... l'ambiance est beaucoup plus tranquille, et la plage n'est jamais très loin aux Baléares !

Une architecture hétéroclite

Lorsqu'on se situe sur les routes marchandes des grandes civilisations méditerranéennes, il faut s'attendre à recevoir de la visite. Avant même que Rome soit un empire, les Baléares attirent déjà les convoitises, et au fil des siècles, Carthaginois, Maures, Espagnols, Français ou Anglais s'installent tour à tour sur l'archipel. Aujourd'hui, le mélange des cultures est très présent au niveau architectural. Vous croiserez des vieilles villes encerclées de murailles, des églises, des palais, des fortifications, des maisons médiévales ainsi que de nombreux villages aux maisons blanchies à la chaux.

Un éventail d'activités

Il n'est plus nécessaire de s'étendre sur le fait que les soirées les plus extravagantes ont lieu à Ibiza et que c'est de ce même endroit que sont lancées les nouvelles tendances musicales. Ce qu'il est intéressant de mentionner maintenant, ce sont toutes les possibilités qu'offre l'archipel.
Un grand nombre de sports sont praticables dans des conditions optimales et il n'y a pas besoin d'être un athlète pour les apprécier car il y en a pour tous les niveaux : la randonnée, le cyclisme, le kayak, la plongée sous-marine, le paddle et le kitesurf, et bien d'autres encore. La gastronomie est absolument spectaculaire et vaut la peine d'y consacrer un itinéraire de quelques jours, à la découverte des saveurs locales. Pour ceux qui sont en quête de farniente, il n'y a que l'embarras du choix entre toutes les plages de sable fin et les criques à l'eau cristalline. Les esprits contemplatifs seront alimentés par le patrimoine artistique, les jardins botaniques et les parcs naturels qui abritent une faune et une flore d'une grande rareté, c'est un réel plaisir pour les yeux.

MAJORQUE EN BREF

Les Baléares

- **Nom officiel :** Baléares (province espagnole).
- **Capitale :** Palma de Majorque.
- **Superficie :** 4 992 km^2 pour la totalité de l'archipel, dont 3 625 km^2 pour Majorque, 701,80 km^2 pour Minorque, 572 km^2 pour Ibiza et 83,2 km^2 pour Formentera. Cette superficie représente 1 % du territoire espagnol.
- **Langues :** espagnol et catalan.

Population

- **Nombre d'habitants :** 1 198 000 hab. pour l'ensemble des Baléares. La distribution géographique est très inégale : Majorque concentre 925 000 habitants, Ibiza 150 000, Minorque 95 000 et Formentera 15 000 habitants.
- **Densité :** 240 hab/km^2.
- **Religion :** catholique.

Économie

- **Monnaie :** la monnaie est l'euro (€).

Décalage horaire

Il n'y a pas de décalage horaire entre la France et les Baléares.

Climat

Doux en hiver, chaud en été, le climat des Baléares est typiquement méditerranéen. La température moyenne est de 18 °C et oscille généralement entre 10 °C en hiver et 30 °C en été. Avec en moyenne 300 jours d'ensoleillement à l'année, son climat est propice à des séjours en toutes saisons.

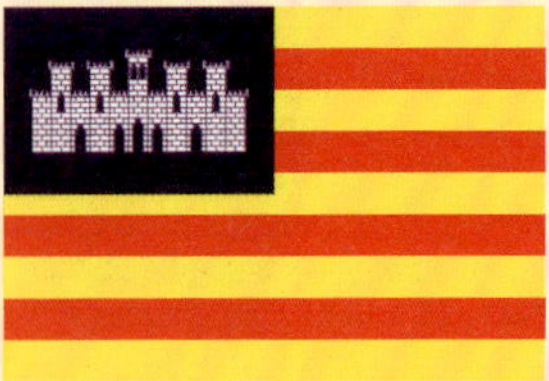

Le drapeau des Baléares

Tout comme le drapeau catalan, le drapeau des îles Baléares est principalement représenté par les couleurs jaune et rouge, disposées par bandes horizontales. Dans le coin supérieur gauche, l'image d'un château blanc sur fond de couleur violette représente le palais de l'Almudaina, la forteresse musulmane avec ses cinq tours carrées mises en évidence.

Calo des Moro, près de Santanyí.

MAJORQUE EN 10 MOTS-CLÉS

All i oli

L'all i oli, ou allioli, est une sauce épaisse à base d'huile d'olive et d'ail que l'on peut accompagner de pain et d'olives. Tous les bars et restaurants le proposent, c'est une bonne façon de remplacer les habituelles cacahuètes qui accompagnent les apéritifs français avant de passer à table, et sert également d'accompagnement pour différents plats (pommes de terre, viandes, poissons...). Attention cependant, l'allioli n'est jamais gratuit ! Dans les restaurants, il est placé directement sur la table, mais facturé en fin de repas... A vous d'indiquer au serveur de le retirer si vous n'en voulez pas.

Agrotourisme

Afin de compenser la baisse des revenus agricoles et d'offrir des alternatives au tourisme de masse, voilà plusieurs années que le gouvernement des Baléares tente de développer le tourisme rural : l'agrotourisme. Rompant le rythme saisonnier, les agrotourismes sont, en général, d'anciennes demeures de campagne transformées en hôtels de charme. Avec des prestations plus personnelles, l'agrotourisme s'adresse particulièrement aux visiteurs à la recherche d'authenticité.

Cabrera

Petite île installée au sud de Majorque, elle est longtemps utilisée comme camp d'incarcération pour les prisonniers français durant les guerres napoléoniennes. Aujourd'hui, l'archipel qu'elle forme avec d'autres petits îlots alentour est classé parc national.

Chiringintos

C'était autrefois des bars de pêcheurs. Ces derniers venaient s'y rafraîchir avant et après leurs parties de pêche. En général, les soirées y finissaient plutôt arrosées ! Maintenant, ce sont tous ces bars que vous pouvez trouver en bord de plage. Ils servent tout type de nourriture, mais aussi des cocktails en soirée. Ils agrémentent en général l'ambiance par de la musique, berçant les plagistes qui bronzent tranquillement à proximité, installés sur leur serviette de bain.

Chupito

Vous n'y échapperez pas : restaurants, bars, boîtes de nuit, chez l'habitant, partout le *chupito* est une tradition. Dans un petit verre, une liqueur de votre choix, à boire d'un coup ou plus lentement. A essayer, la *vodka roja*, la *crema catalana*, mais surtout les *hierbas mallorquinas* et *ibizencas* (à base d'anis et de divers types de plantes locales) et la *pomada* (mélange du gin de Minorque avec de la citronnade).

Coves

Le sous-sol des îles Baléares regorge également de merveilles. De nombreuses grottes naturelles, qui servaient autrefois de refuges aux animaux, aux hommes préhistoriques puis, par la suite, aux pirates, se trouvent éparpillées sur les quatre îles principales. Toutes (ou presque) exploitées à des fins touristiques, elles ont été aménagées et des concerts et spectacles de son et lumière sont régulièrement programmés au milieu des nombreuses stalactites et stalagmites.

Ensaimadas

L'équivalent de nos croissants. C'est un rien plus gras (l'*ensaimada* est faite à base de saindoux et non de beurre), enroulé comme un pain aux raisins, saupoudré de sucre glace… et surtout, c'est une véritable religion ! Chaque touriste rentre chez lui avec son carton souvenir ! Dans les halls de départs de l'aéroport comme à bord des bateaux pour le continent, les boîtes hexagonales en carton blanc sont légion.

Ensaimadas.

Fiesta

Comprenez-le bien, la fête, vous pouvez la faire partout ! Sur les plages, dans les boîtes de nuit, dans les bars... Feux d'artifice, fêtes de village, full moon party, rassemblements plus ou moins surveillés dans les criques... Toutes les occasions sont bonnes.

Finca

C'est l'habitat traditionnel des Baléares. Des murs épais pour garder la chaleur en hiver et la fraîcheur en été. Un toit habituellement plat afin de permettre d'autres constructions en amont. Evidemment, avec les constructions massives de béton, les fincas ont tendance à se faire de plus en plus discrètes sur l'île, mais, grâce à l'apparition de l'agrotourisme, certains propriétaires décident de transformer une partie de leur habitat en hôtel de campagne. A l'intérieur des terres, loin des hordes de touristes, ils offrent une prestation de haute qualité.

Playa

Qu'elles soient de sable fin ou de galets, les petites criques (calas) ou les étendues à perte de vue, les Baléares offrent une diversité impressionnante de plages en tout genre. Naturistes, sportifs ou bronzeurs en herbe : il y en a pour tous les goûts. L'eau est le plus souvent limpide. Les plages ne sont pas vraiment dangereuses, en revanche les rochers peuvent le devenir. Attention aux plongeons ! Les méduses, parfois, perturberont votre bain.

SURVOL DE MAJORQUE

La communauté autonome des Baléares se compose géographiquement d'un groupement d'îles réparties en deux archipels distincts : l'archipel des Baléares proprement dit, au nord, dominé, par l'île de Majorque ; et l'archipel des Pityusas, au sud du précédent, comprenant l'île d'Ibiza et Formentera. L'archipel des Baléares se compose d'un petit essaim d'îles dont les plus importantes sont Majorque, avec 3 625 km², et Minorque, avec environ 701 km². Plus grande île du vaste archipel des Baléares, Majorque mesure 100 km d'est en ouest et 80 km du nord au sud. C'est l'île qui possède la plus grande variété de paysages, avec des côtes sableuses et rocheuses, mais surtout deux cordillères montagneuses dont les sommets culminent, pour la sierra de Tramuntana, à plus de 1 400 m d'altitude, comme le bien nommé Puig Major (1 445 m). Entre les deux sierras, on trouve une vaste dépression où sont installées les principales, mais modestes, agglomérations de l'île. Le reste de l'espace est voué à l'agriculture et essentiellement à l'arboriculture (orangers, citronniers, figuiers...).

Géographie

Avec plus de 907 000 habitants, Majorque est la plus grande île des Baléares par ses dimensions : 100 km d'est en ouest et 80 km du nord au sud. Sa capitale, Palma de Majorque, est également la capitale de la communauté autonome des Baléares. Première île des Baléares par sa superficie (3 625 km²) et par sa population, Majorque s'étire sur 76 km entre le cap de Formentor, au nord, et le cap de Ses Salines, au sud ; et 100 km depuis la Punta Galinda, à l'ouest, jusqu'à la Punta de Capdepera, à l'est. Majorque est aussi un petit archipel, dont les principaux îlots sont Sa Dragonera, au sud-est, et Cabrera au sud, à peu près sur la longitude de la Colonia de San Jordi. L'île compte 554 km de côtes très découpées, et trois baies remarquables : Palma au sud-est, Pollença et Alcúdia au nord-est.

Relief

Deux chaînes montagneuses, orientées sud-est/nord-ouest, recouvrent au total un cinquième de l'île. Elles sont séparées par une plaine centrale, Es Pla.

- **Géologie.** Le relief des Baléares tire son originalité de la présence de sierras et de basses plateformes de grès calcaire. Puisque les Baléares sont le prolongement de la chaîne Bétique, on y observe les mêmes plissements alpins, la même orientation sud-ouest-nord-est que dans la chaîne située en Espagne continentale. Ainsi, l'île d'Ibiza est le prolongement montagneux de Majorque.

Les sierras

La sierra du Nord possède quelques sommets qui seront un régal pour les amateurs d'excursions et d'alpinisme.

- **La sierra de Tramuntana**, première chaîne montagneuse (son altitude est partout supérieure à 500 m), culmine à 1 445 m au Puig Major.

Les eaux limpides de Majorque.

En bord de mer, il n'est pas rare de trouver des falaises vertigineuses de 300 m de hauteur. Compte tenu de sa largeur (entre 8 et 15 km), la sierra est une véritable barrière qui protège tout le sud de l'île du vent. En conséquence, c'est une région beaucoup plus humide et froide qu'ailleurs, surtout en hiver. La zone est sillonnée de nombreuses vallées comme celles de Sóller ou de Valldemossa, ou de gorges profondes tel le Torrent de Pareis. Les pentes sont couvertes de pins d'un vert très foncé et de chênes verts, tandis que sur les terrasses abondent l'amandier, l'olivier, l'oranger, le citronnier et la vigne.

La sierra de Levante, deuxième zone montagneuse située au sud-est, offre un relief plus modeste puisque les plus hauts sommets ne dépassent pas 500 m d'altitude (Santuari de San Salvador : 509 m, cap de Ferrutx : 432 m). Une pinède importante recouvre la totalité de ces massifs.

Le Puig Major (1 445 m). Carretera de Sóller, à Lluch. On l'atteint à partir de Son Torelle, un groupe de maisons situé déjà à 1 000 m d'altitude, mais pour y accéder il faut un permis spécial (renseignez-vous à l'office du tourisme de Palma). Du sommet, la vue est exceptionnelle sur le Plà et le sud de l'île. Les jours de beau temps, les îles de Minorque, d'Ibiza et de Cabrera sont visibles à l'horizon.

Le Puig de Massanela (1 364 m). Beaucoup plus facile d'accès que le précédent, c'est le deuxième sommet de l'île. Un chemin quitte El Guich et Coma Freda, deux *predios* (propriétés locales) situées près de la route principale entre Inca et Lluch.

La sierra de Alfabia (1 038 m). Le chemin pour y accéder démarre au km 20,9 sur la route Palma-Sóller avant l'arrivée au col de la montagne. Le mirador de Ses Piquetes de S'Arrom offre un admirable point de vue sur Sóller.

L'Ofre (1 090 m). On y accède par différents chemins à partir de Sóller ou d'Orient, qui finissent tous

Sur les routes de Majorque à vélo.

par rejoindre, à 400 m d'altitude, Las Barreras. Les derniers mètres sont les plus difficiles, car le chemin est presque inexistant.

Es Teix (1 064 m). L'accès à cette montagne, la plus proche de Palma, est plus facile, à partir de Valldemossa ou de Coll de Sóller, tous deux situés à 400 m. En haut, la vue est belle sur la vallée de Sóller et le plateau de Cuber.

Le château d'Alaro (900 m). Pour atteindre cette forteresse médiévale en ruine, des sentiers partent d'Alaro et du village d'Orient. Au sommet, un oratoire est dédié à la Sainte Vierge del Refugio. Belle vue sur la région.

Las Gabias de La Alqueria (608 m). Cette très intéressante excursion part de La Alqueria, une belle propriété seigneuriale sur la route de Palma à Sóller (à 1,5 km de l'arrêt du train à Bunyola). Les Gobias sont trois pics proches du Teix. Le chemin d'accès a été aménagé par le Fomento de tourisme qui y a construit un mirador.

La plaine

Es Pla, la zone centrale de Majorque, dont l'ordonnance n'est rompue que par quelques collines élevées (Zona de Randa), présente une physionomie agricole classique des Baléares avec de nombreux murets abritant des potagers, des arbres comme le figuier et l'amandier, et des cultures de céréales assez importantes. La richesse de la région est due à la fois à la protection que lui apportent les montagnes du nord et à l'abondance des sources dont la présence est attestée par des centaines de moulins du côté de Sa Poble. Cette zone centrale connaît un climat beaucoup plus doux que le nord.

Climat

Hiver. Le climat des Baléares, de type méditerranéen, paraît délicieusement doux en hiver puisque la moyenne des températures ne descend pas en dessous des 12 °C, mais il est évident que les touristes sont moins nombreux aux Baléares en hiver qu'en été ! Or, c'est précisément pour cette douceur hivernale que nombre d'Européens ont choisi de s'installer dans l'archipel, les mois d'hiver (décembre, janvier et février) constituant l'époque la plus tranquille. Si le temps peut parfois paraître instable, les journées sont le plus souvent ensoleillées, claires et limpides. Sous un ciel d'un bleu intense, la journée offre un climat printanier, mais la température chute le soir avec des nuits fraîches. Ainsi, la veste ou le manteau ne sont nécessaires qu'à la tombée du jour. On peut très bien rester en pull, surtout à Ibiza et Formentera, plus méridionales. Au mois de février, les amandiers à Ibiza commencent leur floraison et l'île se couvre de blanc et rose un peu partout. Sont à remarquer les plaines de Santa Agnès comme de La Corona. Les balades dans le centre de l'île, comme à Sant Mateu, sont de toute beauté. Le climat reste doux. A Minorque, la tramontane exige une bonne protection contre le froid et le vent.

Printemps et automne. Ces périodes sont très variables, mais c'est à ce moment que l'on peut goûter les plus belles semaines de l'année avec un ensoleillement parfait et une température idéale. Le printemps et le mois de septembre sont la meilleure période pour découvrir la lumière et la végétation des Baléares. Il peut y avoir quelques jours d'une pluie sporadique mais forte.

S'il est rare qu'il pleuve pendant une journée entière, en revanche, cela peut durer une longue semaine à la période de l'équinoxe. Au printemps, sous un ciel d'orage, il ne fait pas froid, pas même frisquet. Les orages sont bruyants, forts et magnifiques. Aussitôt après, au plus tard le lendemain, la température remonte à 25 °C. Le soleil réussit toujours à réchauffer l'air et à sécher la terre. Malgré des pluies impressionnantes mais passagères, l'archipel, comme la péninsule Ibérique, subit la sécheresse depuis plusieurs années. Dernièrement, les pluies sont devenues plus sporadiques, moins violentes, et la sécheresse aux îles Baléares a été plus importante que celle des régions dites très arides de la péninsule.

Eté. La grande saison touristique commence en juin, parfois à la mi-mai pour ceux qui ont la chance de profiter des vacances à cette période précoce. Le temps est chaud et le soleil tape. Le ciel est bleu et l'eau est fraîche, mais les plages sont plus calmes. Le soir, la température fraîchit et on supporte une petite laine. Le vent d'est, ou Levante, peut souffler. Juillet sonne le début de l'invasion touristique. Evidemment il fait plus chaud, parfois même trop, jusqu'à 40 °C.

Environnement

Si la ville de Palma et l'île de Majorque, la plus riche et la plus tertiaire de l'archipel, ont décollé avant les autres, elles ont aussi subi toutes les erreurs urbanistiques. Minorque a su rester discrète et prudente, mais Majorque n'a pas été épargnée par le tourisme de masse : l'île a vu certains de ses plus beaux sites défigurés. Les autorités locales, comprenant enfin que le meilleur spectacle à offrir aux touristes est celui de la nature, ont décidé de protéger les espaces naturels épargnés. Le gouvernement a en effet multiplié les mesures écologiques ces dernières années, telles que la mise en place de la taxe touristique en 2016 – destinée à entretenir et préserver les espaces naturels de l'archipel – ou le récent plan d'action écologique qui vise à éliminer les émissions de gaz à effet de serre d'ici 2050. Une action pionnière qui pourrait opposer la présidente des Baléares au gouvernement de Madrid qui a promis de présenter un plan climatique national.

Faune et Flore

Faune

La faune des îles Baléares montre une relative pauvreté quant à la variété des espèces prospérant sur l'ensemble du territoire, majoritairement des oiseaux. Ils peuplent des zones bien précises du territoire îlien, éloignées des grands lieux touristiques et urbains et propices à la nidification. Il faut faire une distinction entre les oiseaux sédentaires et les oiseaux migrateurs en provenance d'Afrique ou d'Europe du Nord, qui choisissent chaque année les Baléares comme lieu de nidification. Selon la nature de l'habitat (étang, bordure côtière, montagne, rocher...), on trouve donc une grande variété d'espèces : des passereaux (fauvettes, chardonnerets, merles ou encore l'étrange huppe fasciée) en passant par les échassiers (flamants roses, hérons, cigognes...), les rapaces (faucons, aigles, dans le massif d'Artà à Majorque, difficiles

Flamants roses volant au dessus de Ses Salines.

à observer...) et oiseaux aquatiques (pélicans, goélands, mouettes...).
La faune des Baléares est également constituée des animaux de nos forêts et de nos sous-bois. On peut croiser en effet, lors d'excursions dans la sierra de Tramuntana, des lapins, des perdrix et même des sangliers. Enfin, le long des rivages, la quasi-totalité des espèces marines peuplant la Méditerranée est visible au choix des touristes, en plongée ou dans les assiettes des nombreux restaurants spécialisés.

Majorque : on trouve de nombreuses espèces concentrées dans la sierra de Tramuntana, sur les étangs de l'Albufera dans le nord de l'île, ou sur les étangs de la pointe sud, près de Punta Volantina. Majorque compte 3 parcs naturels où l'on trouve notamment de nombreux oiseaux migrateurs et marins.

Flore

Les nombreuses espèces d'arbres peuplent principalement les parties accidentées de son relief. Dans la sierra de Tramuntana – jusqu'à 1 000 m d'altitude environ – règne en maître le chêne vert. Il bénéficie, principalement sur le versant nord-ouest de l'épine dorsale majorquine, de conditions climatiques particulières, marquées par des pluies fréquentes qui lui permettent de prospérer aisément. Sur le versant sud-est, on trouve des espèces beaucoup plus communes au monde méditerranéen : quelques chênes verts, mais principalement des pins d'Alep qu'accompagnent en nombre oliviers, amandiers, figuiers, ou encore caroubiers, importés au fil des siècles du continent européen et du continent africain, et qui composent aujourd'hui un paysage coloré et méditerranéen. Il est fort courant également de découvrir des citronniers et des orangers sur les pentes de la sierra comme en plaine lorsqu'ils font l'objet d'une exploitation intensive destinée à l'exportation. Hors de la sierra de Tramuntana, le poumon vert de l'île, le couvert végétal est relativement réduit, excepté dans les zones protégées et autour de Pollença.

HISTOIRE

Si elles forment bien un archipel, si elles sont aujourd'hui regroupées sous une autorité commune, les îles Baléares n'ont pas pour autant un passé similaire. Au fil des âges, l'une est devenue florissante tandis que sa voisine stagne, ignorée de tous. Une autre se recroqueville sous le joug de l'occupant, alors qu'à quelques encablures, l'autonomie est déjà la règle. C'est sans doute en raison de cette diversité de destinées que les Baléares nous apparaissent aujourd'hui sous des jours si différents d'un rivage à l'autre. Il existe toutefois un point commun historique à ces îles plantées entre l'Europe et l'Afrique du Nord : elles ont toujours été sur l'itinéraire marchand des grandes civilisations de la Méditerranée. Par conséquent, elles ont été alternativement convoitées par les Phéniciens, les Carthaginois, les Ibères, les Romains et les Maures.

Préhistoire

Aux Baléares, les vestiges mégalithiques de l'époque préhistorique attestent de la présence très ancienne de l'homme. A Minorque (Naveta des Tudons), à Majorque (Talaiot de Capocorb, Llucmajor) ou à Formentera (Ca Na Costa), l'homme préhistorique a laissé des traces de son séjour. Mais il est difficile de savoir à quel moment un pied humain foule pour la première fois les plages des Baléares. Les historiens estiment que l'homme y apparaît 4 000 ans avant notre ère. Il trouve sur cet archipel un gibier abondant, notamment une espèce d'antilope aujourd'hui disparue, le Myotragus. Il est donc d'abord chasseur, puis, assez logiquement, éleveur et cultivateur. Cette civilisation trouve refuge dans des grottes, et c'est là que les archéologues ont retrouvé les premières poteries et objets en métal (entre 3000 et 2000 av. J.-C.). On parle alors de culture pré-talayotique. Dès 1500 av. J.-C., le commerce avec le bassin méditerranéen commence. Les Grecs, les Ibères et les Phéniciens font des haltes aux Baléares pour proposer leurs marchandises. Cette ouverture vers le reste du monde de l'époque va provoquer les premières constructions sur l'archipel.

La fronde

L'usage de la fronde dans les îles Baléares est une pratique très ancienne, connue depuis le VIIe siècle av. J.-C. Les frondeurs des Baléares eurent un rôle particulièrement important au moment des guerres puniques, auxquelles ils participèrent comme mercenaires. A cette époque, ils étaient célèbres dans le monde méditerranéen pour leur rapidité et leur talent à manier la fronde. Aujourd'hui encore, le tir à la fronde est pratiqué aux Baléares lors de compétitions.

CHRONOLOGIE

- **4000 av. J.-C.** > Apparition de l'homme aux Baléares.
- **1600 av. J.-C.** > Colonies grecques, ibères et phéniciennes.
- **1100 av. J.-C.** > Début de l'ère des Talayots.
- **123 av. J.-C.** > Arrivée d'une colonie romaine.
- **70 av. J.-C.** > Intégration à l'Empire romain.
- **425 apr. J.-C.** > Invasion vandale.
- **553** > Les Baléares intègrent l'Empire d'Orient.
- **902** > Conquête arabe.
- **9 septembre 1229** > Jacques Ier débarque à Majorque et reprend l'archipel aux Maures (en 1235).
- **1343** > Rattachement à la Couronne d'Espagne.
- **1713** > Minorque devient officiellement anglaise.
- **1802**> Minorque est rendue à l'Espagne.
- **1837** > Première liaison maritime régulière Baléares-Espagne.
- **1936** > Majorque et Ibiza se rallient à Franco.
- **1963** > Début de l'ouverture au tourisme.
- **1983** > Le 25 février, les Baléares se dotent d'un gouvernement autonome.
- **1983** > Election de Gabriel Canella Fons à la présidence de la Communauté autonome.
- **Printemps 1995** > Démission de Gabriel Canella Fons.
- **Eté 1995** > Election à la présidence de Cristòfol Soler.
- **1996** > Démission de Cristòfol Soler et nomination de Jaume Matas i Palou.
- **Juin 1999** > Elections européennes et municipales ; élections de la nouvelle équipe du gouvernement autonome des Baléares avec coalition anti Parti populaire de tous les partis politiques ; nouveau président : Francesc Antich.
- **En 2000** > Les murailles de la ville d'Ibiza (Dalt Vila) deviennent patrimoine mondial de l'Unesco. Au mois de mai, une fête dite médiévale se tient dans l'enceinte de la vieille ville d'Ibiza pour célébrer cet événement.
- **Mai 2003** > Jaume Matas Palau gagne les élections au parlement et récupère la présidence du gouvernement des Baléares.
- **Mai 2007** > Lors des élections parlementaires, le Parti populaire (PP) reste de loin le premier parti en nombre de voix avec 46 %, mais perd sa majorité absolue. Le socialiste Francesc Antich i Oliver gagne la présidence en passant une alliance avec les partis régionalistes et forme un gouvernement de centre-gauche.
- **2008** > Comme le reste de l'Espagne, les îles Baléares sont touchées par la crise financière et l'effondrement du secteur de la construction.
- **2011** > La droite est de retour au pouvoir lors des élections du 18 juin, avec une majorité écrasante. José Ramón Bauzà Díaz (PP) est le nouveau président du gouvernement des îles Baléares et doit affronter le problème du chômage.

- **2013 >** Le taux de chômage aux Baléares se situe à 28,5 % avant l'été, et redescend à 22,5 % grâce aux emplois saisonniers.
- **2014 >** Le taux de chômage remonte à 26,7 % au premier trimestre.
- **2015 >** Lors des élections, le pouvoir change de nouveau de main et revient aux socialistes. Francina Armengol devient la nouvelle présidente du gouvernement.
- **2016 >** Les îles Baléares mettent en place la taxe touristique dans les hébergements.
- **Juillet 2017 >** Le parlement des Baléares vote une loi interdisant les corridas avec mise à mort.
- **2 juin 2018 >** Pedro Sánchez, membre du Parti socialiste ouvrier espagnol (PSOE), devient le président du gouvernement d'Espagne. Il succède à Mariano Rajoy, qui a démissionné suite à l'adoption d'une motion de censure.
- **Octobre 2018 >** Des inondations meurtrières entraînent la mort de 13 personnes à Majorque.
- **Février 2019 >** Le gouvernement des Baléares vote une loi fixant à zéro l'objectif d'émission de CO_2 d'ici 2050.
- **2020 >** La pandémie de Covid-19 n'épargne évidemment pas les Baléares, provoquant, en effet secondaire, la chute brutale du tourisme dans les îles à l'été 2020.

Talayots

Les récits des marins de passage alimentent les imaginaires locaux. Les descriptions des premières cités structurées (Athènes et Carthage notamment) ont forcément influencé les îliens. Les villages se forment, les grottes se vident.
Au milieu de ces modestes agglomérations, des tours de pierre et de bois assemblées sans mortier sont érigées, ce sont les talayots. Jusqu'ici peu organisées et visiblement pacifiques, les tribus dressent les premières fortifications. Cela ne suffira pas à arrêter les Carthaginois qui se rendent maîtres des Baléares en 645 av. J.-C. Ils détruisent les tours, bâtissent leurs propres villes et fortifications et, surtout, ils exploitent les richesses de l'archipel : les marais salants et le murex (mollusque carnassier dont est tirée la pourpre, un colorant très recherché dans l'Antiquité). Les envahisseurs tirèrent également parti du remarquable maniement de la fronde par les jeunes guerriers des Baléares. Ils les enrôlèrent dans leurs campagnes comme mercenaires dans les guerres puniques qui les opposèrent à Rome de 264 à 146 av. J.-C.

Du Ier au VIe siècle

Il ne faut que quelques années aux Romains pour comprendre alors l'intérêt de Carthage pour les Baléares. En 123e av. J.-C., le consul Caecilius Metellus intègre l'archipel à l'Empire romain. Il crée Palma et trace des voies de circulation à Majorque et Minorque. Néanmoins, l'Empire romain n'a pas laissé des traces profondes de sa domination. Il faut dire que 300 ans après s'être installé, l'empire n'est plus que l'ombre de lui-même. Sa chute, vers 400 de notre ère, plonge les Baléares dans une période de repli. En 425, l'archipel est dévasté par les Vandales, et une civilisation paléochrétienne subsiste comme elle peut durant cette période. Après la conquête du général Bélisaire, sous le règne de Justinien, empereur de Byzance, les Baléares sont intégrées en 553 à l'Empire d'Orient. Au VIIe siècle, les Wisigoths chassent les Byzantins, mais ce sont les Maures qui deviennent rapidement les maîtres des lieux.

Conquête mauresque

Les Arabes font leurs premières incursions dès le VIIe siècle, sans que l'on puisse parler de véritable invasion. Malgré quelques pillages, ils cherchent surtout à commercer, profitant ainsi de la position privilégiée des îles sur les grandes routes maritimes. Charlemagne tente de rétablir durablement une domination chrétienne sur Majorque, mais ses efforts sont réduits à néant en 902, lorsque le calife de Cordoue, Issam al-Jawlani, s'empare sans effort de l'archipel. A sa mort, en 1031, plusieurs suzerains maures d'Espagne se succèdent et entretiennent avec les chrétiens des rapports tolérants. Si aujourd'hui peu de vestiges sont visibles, les apports culturels, techniques (agriculture notamment) et architecturaux des Maures sont à l'origine d'un sursaut de l'archipel. En 1077, les îles demeurent terres musulmanes, mais pour la première fois depuis des siècles, elles deviennent un royaume indépendant.

Entre 1113 et 1114, Ramon Berenguer, comte de Barcelone, très attiré par la situation géographique des Baléares, à la croisée des routes commerciales de la Méditerranée, s'allie à des corsaires de Pise pour occuper Palma. Traînant en longueur, la conquête laisse aux musulmans le temps de se réorganiser, et la tentative de reconquête échoue. L'archipel retrouve sa situation antérieure : la domination arabe.

XIIIe siècle

Animé d'un véritable sentiment de mission divine et profitant des dissensions entre les différents suzerains arabes d'Espagne et des Baléares, Jacques Ier d'Aragon prend prétexte d'attaques permanentes des pirates arabes contre les bateaux de commerce pour tenter de chasser les musulmans des Baléares. En septembre 1229, il envoie une puissante flotte.
Le jeune roi (21 ans) est vainqueur du principal affrontement entre les deux armées. Les Maures se sont toutefois réfugiés à Medina Majorica, le nom arabe de Palma. Jacques Ier devra patienter trois mois. La ville tombe enfin entre ses mains et c'est le début du royaume de Majorque. Jusqu'à sa mort, en 1276, le souverain contribuera avec succès au développement de l'économie des Baléares. A sa mort, il lègue Majorque à son fils cadet, Jacques II, avec le titre de roi des Baléares, tandis que l'aîné obtient le royaume d'Aragon.

Le royaume

Avec ce partage, les îles constituent alors un royaume indépendant pour la dernière fois de leur histoire. Il le reste jusqu'en 1343, malgré les pressions de la branche aragonaise de la famille pour récupérer les Baléares. Ces tensions atteignent un premier sommet lorsque Sanche, fils de Jacques II et sans héritier mâle, désigne son neveu, le futur Jacques III, pour lui succéder, alors que l'Aragon réclame l'archipel. Le conflit est évité grâce au soutien qu'apporte la France à Jacques III, mais à l'avènement de Pierre IV d'Aragon, le conflit rebondit, et le royaume de Majorque est délaissé par le roi de France, plongé en pleine guerre de Cent Ans.
En 1343, après s'être assuré du soutien de la population locale par la promesse de maintenir tous ses privilèges, Pierre IV s'empare du royaume de Majorque en écrasant l'armée de Jacques III. Ce dernier devient de fait une partie du royaume d'Aragon et perd donc son indépendance. L'île y perdra dans le même temps beaucoup de son éclat. Assujetties à des impôts nouveaux, concurrencées par les promesses du Nouveau Monde fraîchement découvert, les Baléares ne sont plus l'enjeu des routes maritimes qu'elles ont été pendant des siècles.
Pire, comme au temps des premières incursions arabes, la piraterie dévaste à nouveau l'archipel. Sans défense et trop dispersés, les habitants de Formentera sont même contraints de se réfugier à Ibiza. Leur île sera désertée jusqu'au XVIIe siècle, lorsqu'un réseau de tours de garde (encore bien visibles aujourd'hui) en assurera enfin la protection.

Les Baléares espagnoles

La guerre de succession d'Espagne oppose les Habsbourg et les Bourbons de 1701 à 1716. Philippe V sort

Quel statut pour les îles Baléares ?

Les îles Baléares sont l'une des 17 communautés autonomes d'Espagne. Elles ont un statut d'autonomie approuvé en 1983 par les Cortes (Parlement espagnol) et présentent une organisation institutionnelle composée par le Parlement, el Govern, la présidence de la CCA et les conseils insulaires : Majorque, Minorque, Ibiza et Formentera. Les conseils insulaires sont formés par des parlementaires de chaque île qui choisissent le président. D'après la loi électorale approuvée lors de la première législature, Majorque détient 33 députés, Minorque 13, Ibiza 12 et Formentera 1. Le président du gouvernement des îles Baléares est choisi par le Parlement des îles Baléares, et le catalan est défini comme la langue propre et officielle, au même titre que le castillan. Les compétences de la Communauté autonome incluent les travaux publics, les transports, l'assistance sociale, la culture, le sport et le développement du tourisme.

vainqueur, mais les Anglais, bien que dans le camp des Habsbourg vaincus, conservent Minorque. Les Français, sous le commandement de Richelieu, viendront les en déloger en 1756. Finalement, à l'issue de la guerre de Sept Ans, la France rend le Canada, l'Inde et Minorque aux Anglais. L'Espagne ne regagne la souveraineté de Minorque qu'en 1802 par le traité d'Amiens.

XIXe et XXe siècles

En 1837, pour la première fois, est mise en service une ligne régulière entre la péninsule et l'archipel. Au début du XXe siècle, Majorque se signale par un embryon d'industrie. Pendant la guerre civile, entre 1936 et 1939, les militaires présents à Majorque et à Ibiza se rallient presque immédiatement au général Franco, seule Minorque reste fidèle aux républicains jusqu'à la Seconde Guerre mondiale. En 1963, après des années de semi-autarcie, le gouvernement espagnol accélère le processus d'ouverture et les premiers touristes arrivent. Ibiza devient La Mecque des hippies. Enchantés et émerveillés, ces pionniers sont suivis de millions de visiteurs.

Les années 1970 sont marquées par une véritable vague de touristes venus du nord de l'Europe – d'Allemagne tout particulièrement – qui prennent possession du littoral Baléares et des pittoresques villages de montagne. Cette invasion touristique transforme l'île et affecte une population dont une bonne partie conserve, contre vents et marées, les us et coutumes et un mode de vie d'un passé pas si lointain.

Au début des années 1980, les îles connaissent une véritable révolution avec l'accession à l'autonomie et la création d'un gouvernement autonome des Baléares le 25 février 1983.

Un Parlement baléare voit le jour. Régulièrement, depuis cette date, les électeurs baléares sont appelés aux urnes pour élire leurs députés. Un gouvernement est constitué, avec à sa tête un président.
L'une des grandes figures de l'histoire baléare de ces dernières années est Gabriel Cañellas Fons. Il est le premier président de la Communauté autonome des Baléares, et ce jusqu'en 1995. Après de multiples réélections à ce poste, il est contraint de démissionner. L'année 1995 reste en effet une date noire dans l'histoire des Baléares, avec la découverte d'un énorme scandale de corruption (affaires Calvià et Sòller) qui jette l'opprobre sur la classe politique tout entière.
En 1999, c'est Francesc Antich i Oliver, du Parti socialiste des îles Baléares, qui arrive en tête des élections du Parlement régional des Baléares.

Vers une santé économique durable ?

En mai 2003, lors des élections régionales, le Parti populaire, gouverné par Jaume Matas Palau, a gardé la préférence des habitants de l'archipel en remportant la majorité des sièges à l'Assemblée. En mai 2007, Jaume Matas Palau se présente une nouvelle fois aux élections, mais c'est son adversaire, Francesc Antich Oliver, qui les remporte, devenant ainsi le nouveau président du gouvernement des îles Baléares.
En 2010, le scandale « Palma Arena » oblige Francesc Antich i Oliver à se séparer d'Unió Mallorquina, dont certains dirigeants sont impliqués dans cette affaire de corruption, pour gouverner seuls sans la majorité. Les élections de juin 2011 ramènent la droite au pouvoir avec une écrasante majorité. José Ramón Bauzà Díaz (PP)

Ruines de la ville romaine de Pollentia.

Archiduc Luis Salvador

Né à Florence en 1847, mort à Brandysnad Laben (Bohême) en 1915. Archiduc d'Autriche, il fut aussi un grand humaniste qui fit le tour du monde pour toujours revenir à Majorque où il jouissait de nombreuses possessions. Ardent défenseur des beautés naturelles et du patrimoine des îles Baléares, il écrivit plusieurs ouvrages, dont le plus fameux, *Les Baléares*, dans lequel il décrit les îles en mots et en images. Il reçut d'ailleurs la médaille d'or pour cet ouvrage lors de l'Exposition universelle à Paris en 1878.

Die Balearen geschildert in Wort und Bild (Les Baléares, description par le texte et l'image) est toujours aujourd'hui une source d'informations précieuse sur tous les aspects des Baléares : histoire, géographie, faune et flore, coutumes... L'œuvre est d'ailleurs considérée comme la première étude globale de l'archipel. C'est aussi grâce à lui et à son travail de recherche que les Baléares ont pu se faire connaître ailleurs en Europe. Il invita de nombreuses personnalités politiques et intellectuelles (sa cousine Sissi, son ami Jules Verne...) à venir les découvrir. Son investissement auprès des îles, surtout de Majorque, était si important que déjà en 1909, le Fomento de Turismo (organe régissant le développement touristique) le nomma Président d'Honneur. L'écrivain français Jean-Louis Sarthou a écrit un livre (publié en 2013, éditions du Vieux Caroubier) sur cette figure emblématique qu'est l'Archiduc Louis-Salvador d'Autriche. Dans son livre *L'archiduc sans frontière*, Sarthou raconte comment Majorque devint le lieu idéal pour cet homme en quête d'épanouissement, l'endroit propice où promouvoir un tourisme social et équitable. Une lecture à conseiller.

devient le nouveau président du gouvernement des îles Baléares. La même année, Iñaki Urdangarin – gendre du roi d'Espagne – fait l'objet d'une enquête dans le cadre de l'affaire Babel, dérivée de l'affaire Palma Arena. Il est mis en examen en 2012 pour détournement de fonds publics.

En parallèle, la crise s'intensifie dans toute l'Espagne et particulièrement aux Baléares, où le taux de chômage atteint 28,5 % au printemps 2013. L'arrivée de l'été marque une courte période de répit, et le chômage descend à 22,5 % grâce aux emplois saisonniers. On est malheureusement loin des chiffres du début des années 2000, lorsque les Baléares connaissaient le plein emploi pendant la saison touristique. A l'automne, un profond malaise social vient se greffer au problème de la crise : la réforme du système éducatif, mise en place par le gouvernement de José Ramón Bauzá, menace l'usage du catalan dans les écoles des Baléares au profit de l'anglais.

En septembre 2014, la Cour suprême des Baléares annule cette réforme la jugeant non valide, du fait que l'Université des îles Baléares, organe compétent, n'a pas été consultée dans cette prise de décision. Suite à cela, la ministre de l'Education Juana Maria Camps a été destituée de ses fonctions et remplacée par la porte-parole du gouvernement, Nuria Riera. Ces événements ont, bien entendu, donné suite à de nombreuses manifestations anti Bauzá réclamant sa démission. Plus tôt dans l'année, le 2 juin 2014, le roi Juan Carlos Ier abdique suite aux nombreux scandales liés à la famille royale et à la crise institutionnelle qui ne cesse de s'aggraver dans toute l'Espagne.

En 2016, le taux de chômage dans les îles Baléares continuait d'être l'un des plus bas du pays avec un total de 13,8 % sur l'année. Au mois de juillet de cette même année, les Baléares instaurent la taxe touristique sur les hébergements, espérant ainsi récolter jusqu'à 80 millions d'euros par an, somme qui sera attribuée au développement des infrastructures touristiques et à la préservation des espaces naturels. Depuis 2014, l'économie des Baléares affiche une croissance positive, en dehors évidemment de l'année 2020, marquée par la crise du Covid-19. Le chômage reste plus bas que dans l'ensemble du pays avec un taux de 10,57 % au troisième trimestre 2021, contre 14,57 % en Espagne. Mais parallèlement, les inégalités demeurent, puisque près de 20 % de la population des Baléares continue de vivre sous le seuil de pauvreté.

Un tourisme à maîtriser. Avec l'ouverture du pays vers l'extérieur, au début des années 1960, l'agriculture a ainsi perdu son statut de leader de l'économie insulaire. La faute en revient au tourisme. Cela concerne essentiellement les visiteurs étrangers, mais aussi les Espagnols continentaux. Dans les années 1960, le pays était bon marché, comme aiment à le rappeler les fidèles des Baléares. Question prix, tout a changé aujourd'hui. Mais chaque année, des millions d'amoureux continuent de filer sur les traces de Frédéric Chopin et de George Sand afin de passer quelques jours de bonheur sur les rivages de la *mare nostrum*.

Malgré une mauvaise période en 2009 due à la baisse de la livre par rapport à l'euro (entraînant une baisse de 1 million de visiteurs en seulement un an), les Baléares se sont vite redressées, profitant des événements du « Printemps arabe », qui ont permis de capter de nouveaux visiteurs. Pour la seule année 2014, les Baléares ont accueilli plus de 13,5 millions de touristes soit plus de 4 % de plus qu'en 2013, avec une forte augmentation de touristes hollandais, mais aussi espagnols. Avec la nouvelle taxe touristique entrée en vigueur au début de l'été 2016, le gouvernement des Baléares est d'ailleurs parvenu à récupérer 40 millions d'euros en un an, budget réinvesti dans la protection du patrimoine et de la nature de l'archipel. Mais l'économie des Baléares est devenue dépendante de ce flot de touristes. Le tourisme représente actuellement à lui seul près de 35 % du PIB des archipels. En 2018, l'archipel a encore accueilli plus de 16 millions de touristes sur son territoire. Alors que l'année suivante les chiffres ont légèrement baissé. Quant à 2020, n'en parlons pas...

Dans les rues d'Alcúdia.

POPULATION

Démographie

Avec 1 198 000 d'habitants, la population des îles Baléares représente un peu plus de 2 % de la population espagnole totale. La distribution géographique est très inégale : Majorque concentre 925 000 habitants, Ibiza 150 000, Minorque 95 000 et Formentera 15 000 habitants.

Identité. C'est un sujet riche en débats aux Baléares, de la même manière qu'en Catalogne ou au Pays Basque. La question de l'identité est fortement liée à la langue, avec l'usage du catalan. Les Majorquins distinguent les locaux et les *forasters* (étrangers) : cet adjectif désigne les familles espagnoles originaires de la péninsule. Bizarrement, les touristes sont mieux acceptés que les immigrés espagnols : un Madrilène, même installé aux Baléares depuis plus de dix ans, restera toujours un *foraster*.

Langues

Depuis que les îles Baléares forment une communauté autonome, le catalan est la langue officielle de l'archipel, accompagnée du castillan (espagnol). La majorité des insulaires affirment comprendre le catalan, mais environ 30 % d'entre eux ne le parlent pas. En réalité, l'usage du catalan est limité aux institutions politiques. L'enseignement dans les écoles publiques est censé être dispensé dans les deux langues

Retour de la pêche à Cala Figuera.

La question de la langue

La politique linguistique conserve une place prépondérante dans les débats politiques actuels. En 2016, le gouvernement de Francina Armengol avait fait du catalan une condition obligatoire pour accéder à un poste de fonctionnaire régional. En 2018, un décret a même été mis en place faisant du catalan un prérequis pour travailler dans les hôpitaux publics des Baléares. Une mesure qui a provoqué l'indignation des services de santé et le départ de certains médecins étrangers (pour beaucoup issus d'Amérique latine ou de régions espagnoles où l'on ne parle pas catalan), alors même que le système de santé actuel souffre d'un sous-effectif.

dès l'école maternelle, ce qui favoriserait une insertion professionnelle en Catalogne, ou bien une suite d'études universitaires sur le continent. Mais encore une fois, la réalité diffère : dans les écoles, le castillan est majoritaire dans la salle de classe, et le dialecte local (ibicenco à Ibiza, mallorquin à Majorque, minorquin à Minorque) est principalement parlé dans la cour de récréation. Ce dernier est devenu également un symbole de nationalisme pour les plus âgés. Conséquence d'un tourisme très développé, certaines langues étrangères sont parlées assez couramment : l'anglais, l'allemand, l'italien et le français.

Mode de vie

Famille. Comme dans l'Espagne en général, la famille est une notion très importante aux Baléares. La solidarité et l'entraide sont de rigueur au sein d'un même clan. Les enfants sont les rois mais les plus âgés, souvent très respectés, leur inculquent certaines valeurs les empêchant de tomber dans l'égoïsme. La structure familiale est encore traditionnelle. Il n'est pas rare de voir cohabiter trois générations sous le même toit. Les jeunes, même lorsqu'ils travaillent, restent chez leurs parents jusqu'au mariage (et on se marie plus tard). Dans les villages, le cercle familial est encore plus étendu, la structure familiale y est encore traditionnelle. Nombreuses sont les entreprises familiales où chacun a sa place, que ce soit dans les sociétés de service ou les restaurants.

Prénoms. Aux Baléares, tout comme sur le continent espagnol, la religion a encore une grande influence sur le prénom. Beaucoup de Maria, Jesús, Josep…, mais qui laissent de plus en plus place à des prénoms anglophones apportés par le tourisme. On donne habituellement le prénom du père ou de la mère à l'aîné de la famille, ou alors celui des grands-parents.

Habitat. Le logement typique s'appelle une *finca*. Des murs très épais évitent une trop grosse chaleur en été et permettent de faire face au froid de l'hiver.

La finca est traditionnellement organisée autour de la pièce principale, accueillant une cheminée qui, dans l'ancien temps, servait également de four et était placée juste à côté de l'évier. Le toit reste plat, ce qui permet la construction de nouvelles chambres en cas de naissances. Installées majoritairement en campagne, les propriétaires les plus audacieux les transforment petit à petit en hôtels d'agrotourisme.

Religion

La plupart des Espagnols sont catholiques, au moins de tradition si ce n'est de confession, et les Baléares comptent un très grand nombre de pratiquants. Bien que les mœurs commencent à changer, la fréquentation des églises est assidue et il n'est pas rare de voir les bancs occupés par des jeunes. Ayez une tenue correcte pour la visite (les femmes devront avoir les épaules couvertes, comme en Italie) et évitez les heures de culte. D'autres religions, comme l'islam ou le protestantisme, sont minoritaires, mais ont leurs propres lieux de culte dans les îles, car bon nombre d'étrangers de tous pays et de toutes religions y résident.

Superstitions. Les habitants des Baléares peuvent être considérés comme superstitieux. De nombreuses croyances sont ancrées dans la mémoire collective, en particulier à Ibiza. On dit, entre autres, qu'à Atlantis il y aurait eu plusieurs morts et des disparitions inexpliquées. On raconte le mystère des Talayots à Majorque et à Minorque, ou bien encore le pouvoir étrange qui habite les chèvres vivant sur l'îlot des Vedrà, vierge de toute présence humaine…

Esthétisme

Les îles regorgent en saison de *beautiful people*, sauf à Minorque, qui demeure très discrète. L'image et le paraître ont une grande importance mais, paradoxalement, il est de bon ton d'opter pour une attitude désinvolte doublée d'un certain « je-m'en-foutisme », car s'il est vrai que tout le monde s'observe, il n'en est pas moins vrai que tout le monde se tolère. Si les Baléares abondent de grandes boutiques tendance, la palme de la sophistication revient à Ibiza, qui est indiscutablement la plus fashion de l'archipel : dreadlocks, tatouages, piercings, maquillage outrancier… Il n'y a pas une mode dans la capitale de la fête mais une diversité de styles, le seul mot d'ordre étant l'extravagance. A Majorque, tout est permis à condition que l'élégance ne soit pas maltraitée. Pourtant, malgré tous ces codes, la simplicité peut être également de mise et, comme tout le monde, les politiques, la famille royale et les milliardaires peuvent se promener en short et tongs !

Architecture

A Majorque, les constructions en pierre couleur ciment prédominent dans l'architecture rurale, contrastant parfois avec des maisons claires plus récentes.

- **Moulins.** Vous en verrez sur les quatre îles des Baléares. A Majorque et à Ibiza, ils sont trapus et leurs ailes sont courtes. Ils servent à capter l'eau douce dans le sol.

- **Patios.** Il s'agit d'un des éléments architecturaux les plus emblématiques de la ville de Palma de Majorque, pratiquement tous les édifices en possèdent (y compris certains bars et restaurants). Plusieurs itinéraires « découverte » sont proposés par la ville.

Artisanat

L'artisanat des îles est très vaste. Ici ou là, vous trouverez les incontournables chaussures, cuirs ou accessoires qui sont devenus de grandes marques en Espagne : Jaime Mascaró, Camper, Lotusse… C'est dans la zone d'Inca à Majorque qu'elles sont fabriquées. Maroquinerie, sacs, vestes en cuir, ceintures sont en vente dans tous les magasins spécialisés. Tandis que vous pouvez trouver des objets en terre cuite ou en céramique ainsi que des perles dans toutes les îles, Majorque se distingue par l'abondance de son artisanat populaire et la qualité de son verre soufflé. Les broderies locales, entièrement faites à la main, sont d'une finesse très appréciée par les amateurs, ce qui explique leurs prix relativement élevés.

Cala Figuera.

Cinéma

Depuis ses débuts jusqu'à nos jours, le cinéma espagnol a toujours dû faire face à des adversaires puissants. D'abord, sur le plan historique, la guerre civile (1936-1939) a anéanti la production et la dictature de Franco l'a réduite à des films de propagande. Puis, la concurrence étrangère, notamment celle du cinéma américain, a empêché la rencontre complète du cinéma espagnol avec son public national. Et pourtant, même au cours de ces années noires, le cinéma espagnol a su trouver le moyen d'exister et de se faire remarquer en dehors de ses frontières. Dès l'époque du cinéma muet, Luís Buñuel et ses amis avant-gardistes sont au sommet de l'innovation, avec des films comme *Un chien andalou* (1927), tourné en collaboration avec Salvador Dalí. Au cours des années 1930, le cinéma devient un outil de propagande pour le gouvernement républicain, notamment pendant la guerre civile. Parallèlement, des auteurs comme Luís Buñuel utilisent le cinéma comme instrument de dénonciation sociale (*Las Hurdes*, 1932).

La victoire de Franco en 1939 entraîne le départ de nombreux artistes et l'institution de la censure. La dictature n'a pourtant pas empêché totalement le développement du cinéma espagnol, étant donné que des classiques comme ceux de Juan Antonio Bardem (*Muerte de un ciclista*), de Carlos Saura (*Los Golfos*) et de Buñuel (*Viridiana*) datent de cette époque (1939-1962).

A partir des années 1960, la liberté d'expression gagne du terrain et, progressivement, on voit naître le nouveau cinéma espagnol, avec l'apogée du cinéma d'auteur (Bardem, Berlanga, F. Fernan Gomez, Gutierrez Aragón, Saura) et le retour de Buñuel exilé alors au Mexique. Après la mort de Franco, en 1975, le documentaire surgit comme moyen de revisiter l'histoire récente du pays. La libération sexuelle est aussi un atout pour la nouvelle production. On parle de tout ce qui était interdit aupavant (politique, sexe, démocratie), et avec quelle fureur... La comédie est alors le langage des réalisateurs des années 1980. Almodóvar inscrit l'Espagne comme pays de l'excès. Avec *Pepi, Luci, Bom et autres filles du quartier* (1980), le réalisateur manchego lance son style : l'humour, l'exagération et le goût pour l'underground. Almodóvar va continuer, au cours des 30 années suivantes, à être l'ambassadeur du cinéma espagnol dans le monde. Dans sa nouvelle phase, plus mûre et plus mélodramatique (*Tout sur ma mère*, *Parle avec elle*, *La Mauvaise éducation*, *Volver*, *Etreintes Brisées* et *La Piel que habito*), Almodóvar est déjà cité comme une référence. Dans sa lignée, de nouveaux cinéastes se taillent une réputation sur le plan international et témoignent de la vitalité du cinéma espagnol : Alex de la Iglesia, Alejandro Amenábar ou encore Julio Medem.Aujourd'hui, la production cinématographique espagnole s'illustre particulièrement dans le domaine du cinéma fantastique, grâce à des réalisateurs comme Jaume Balagueró (*REC*, *Malveillance*) et Juan Antonio Bayona (*L'Orphelinat*).

Voyage cinématographique dans les îles. Cinéphile et intrigué par les îles Baléares ? Sachez que si vous vous y rendez, un joli parcours du 7e art vous y attend. Pour vous plonger dans la magie de Formentera, ne ratez pas le film *Lucía y el sexo* (2001) du cinéaste espagnol Julio Médem. En 2018, les caméras investissent de nouveau l'île

Que ramener de son voyage ?

Vu l'insularité et l'affluence touristique, les prix sont élevés aux Baléares. Cependant, quelques rares produits alimentaires sont meilleur marché que dans le reste de la péninsule Ibérique. Vous pouvez cependant trouver des chaussures, du cuir, des perles, des produits de l'artisanat et de l'industrie locale à des prix relativement intéressants. Certaines marques bien connues en Espagne telles que Camper et Jaime Mascaró restent encore intéressantes à l'achat, car leurs usines ou leurs sièges sociaux sont installés aux Baléares.

- **Artisanat.** Très diversifié. Attention aux prix et à la qualité ! Les boutiques sont plus nombreuses à Majorque que partout ailleurs. Des petits marchés artisanaux sont installés dans les endroits les plus touristiques, souvent sur les places des villages.
- **Chaussures « Avarques ».** Tout le monde les a aux pieds ! Pas chères, confortables et d'excellente qualité, ces chaussures font des infidélités au milieu rural pour s'installer aux pieds d'une clientèle jeune et urbaine.
- **Sobrassada, ensaimadas, vin et huile d'olive**... Ces produits sont fabriqués de manière artisanale et peuvent être achetés dans n'importe quel recoin de l'île, alors pourquoi vous priver ?

pour planter le décor de *Formentera Lady*, réalisé par Pau Durà. En 2013, la comédie romantique *Loving Ibiza*, réalisée par le Hollandais Johan Nijenhuis, a par ailleurs pour effet de multiplier le nombre de Hollandais visitant et s'installant à Ibiza. Plus récemment, en 2019, la ville est au cœur d'une œuvre homonyme, *Ibiza*, avec Christian Clavier et Mathilde Seigner dans les rôles principaux. Dans *Isla Bonita* de Fernando Colomo (2015), c'est Minorque qui est à l'honneur. Enfin, en 2012, le tournage du film de science-fiction *Cloud Atlas* (avec Tom Hanks et Halle Berry), prend ses quartiers à Majorque, majoritairement à Escorca, Soller et dans la Serra de Tramuntana. Et enfin, en 2020, la ville est l'héroïne principale de la série policière britannique *The Mallorca Files*, diffusée sur France 2.

Littérature

Quelques écrivains célèbres, comme Baltasar Porcel et Marià Villangomez, ont puisé leur génie littéraire dans l'archipel. On murmure que même Jules Verne serait venu sur les îles Pitiusas (Ibiza et Formentera) pour écrire *L'Ile mystérieuse*. Voici quelques grands noms de la littérature des Baléares :

- **Miguel Costa i Llobera.** Né à Pollença en 1854, mort en 1922. Ecrivain et ecclésiastique. Son immense culture classique et son grand talent de poète ont beaucoup apporté à la langue catalane. Il est le plus connu des poètes de l'époque de la splendeur majorquine qui compte Joan Alcover (1854-1926), Miquel dels Sants, M. Antonia Salvà et Miguel Ferrà.

Robert Graves. Né à Wimbledon en 1895. Ecrivain anglais, ce célèbre humaniste, critique, essayiste et romancier, mais surtout poète, s'installe à Déia (Majorque) dès 1916 et y vit jusqu'à sa mort, en 1985. Il y est enterré.

Ramón Llull. Né en 1235 à Palma où il meurt en 1315, connu aussi comme Raimundus Lulius (le nom traduit en castillan devient Raimundo Lulio), écrivain, philosophe et théologien, ce contemporain de Jacques II est, sans aucun doute, le premier prosateur en catalan de tous les temps. Pour les Catalans, Ramón Llull est le créateur de leur langue. Pour les historiens de la philosophie, il reste un cas. Pour l'Inquisition, il est un hérétique, mais pour l'école franciscaine il est un saint. Les spécialistes de la littérature mystique le tiennent pour un géant. On le considère aussi comme le fondateur de l'alchimie. *Ars Magna* est la plus connue de ses nombreuses œuvres.

Ramon Muntaner. Né en 1265. Militaire et historien, il fait partie de l'expédition catalano-aragonaise d'Orient. Gouverneur de l'île de Djerba, lieutenant de Jacques III, il meurt en 1336 à Ibiza après en avoir été le maire. *Chroniques* (1328) est le plus fameux de ses ouvrages.

Baltasar Porcel. Né à Andratx (Majorque) en 1937 et décédé en 2009 à Barcelone, ce grand voyageur a publié de nombreux romans et récits. Entre autres, paru en 2002, *Cabrera, ou l'empereur des morts* dont l'action se situe dans l'archipel des Baléares : un vétéran de l'armée napoléonienne raconte la débâcle de milliers de soldats de l'Empire dans la baie de Cabrera après la défaite des troupes françaises en Andalousie en 1808.

Anselm Turmeda. Né en 1355 à Palma de Majorque et mort en 1423 en Tunisie. Il est connu pour faire partie des plus grands écrivains majorquins du Moyen Age. Religieux, il dédie sa vie aux

Statue de Ramon Llull à Puig de Randa, Majorque.

études qu'il effectue dans plusieurs villes d'Europe, avant de se rendre en Tunisie et de se convertir à l'islam. Il en profite pour écrire un recueil sévère à l'encontre de son ancienne religion. Parmi ses livres les plus reconnus, on compte *El Llibre dels bons amonestament*, écrit en vers et dans lequel il donne des conseils moraux et anticléricaux ; ainsi que les *Cobles de la Divisio del Regne de Mallorques*, un ensemble de prophéties politiques et religieuses.

Mariá Villangomez Llobet. Né à Ibiza en 1913, dramaturge et traducteur, personnalité incontestable et incontestée, il est connu comme le meilleur poète d'Ibiza. Son inspiration authentique lui vaut une place importante dans la poésie catalane. Il est mort le 12 mai 2002.

Musique

Bien que les Baléares ne soient pas reconnues pour leur musique, elles ont donné naissance à quelques grands noms de la musique.

Joan Maria Thomàs i Sabater (1896-1966). Il est, en 1919, organiste de la cathédrale de Majorque. Ce qui lui permet de partir étudier à Paris et de faire de nombreux concerts en Espagne et en France. Promu directeur du conservatoire des Baléares, il lance la musique dans les îles comme on lance une mode, grâce à la création de regroupements musicaux comme le Comité Pro-Chopin à Majorque, l'Association de culture musicale et le festival de Bellver. Musicien et musicologue, il passe également une partie de sa vie à écrire des critiques musicales dans différentes revues spécialisées.

Maria del Mar Bonet (Palma de Mallorca, 1947), autre grand nom de la musique, est l'une des artistes les plus emblématiques de la Nova Cançó catalane. Elle est aujourd'hui une habituée des prestigieuses salles de concert espagnoles, où elle continue de chanter en catalan.

Dans un autre style, Majorque se distingue aujourd'hui avec quelques artistes rock indépendants qui envahissent les radios et salles de concert en Espagne. Le groupe Antònia Font est probablement l'ambassadeur le plus connu de cette scène alternative. Avec leur musique pop, leurs textes en catalan et leur univers fantastique constitué de robots, d'astres et de fonds marins, ce groupe majorquin a reçu le Prix national de musique catalane en 2008.

Peinture et arts graphiques

Les années 1960 marquent le début du grand engouement des artistes pour les Baléares et surtout pour Ibiza. En attirant sur eux l'attention de nombre de personnalités du monde des arts, ils ont transformé l'île en un centre culturel de renom. Cette ambiance culturelle représente l'essence de la vie de l'île, même si d'autres invasions, depuis, ont réussi à en gommer l'authenticité. Les musées, salles d'expositions et galeries qui fleurissent sur chacune des îles de l'archipel – et pas seulement à Majorque – témoignent de la place centrale de la peinture aux Baléares. Les couleurs naturelles des îles y sont certainement pour beaucoup.

Cette palette de teintes de terre, de végétation, de mer et de la chaux blanche des maisons, ne laissera indifférent aucun artiste. Les peintres utilisent souvent les restaurants et les bars pour exposer et vendre leurs œuvres, les grands auteurs aussi…

- **Laureano Barrau.** Né en 1863 à Barcelone. Après des études à Paris où il est membre de la Société nationale des beaux-arts de Paris, il s'installe à Ibiza à 47 ans et y reste jusqu'à sa mort en 1957. Il faisait partie du Groupe 59, qui réunissait les artistes d'Ibiza.

- **Miquel Barceló.** Né à Felanitx (Majorque) en 1957, c'est sans aucun doute le plus célèbre peintre des Baléares, mais aussi l'une des grandes figures internationales de l'art contemporain. Après des études à l'Ecole des Arts décoratifs de Palma et à l'Ecole des beaux-arts de Barcelone, il fait connaître son travail en 1981 à la Biennale de São Paulo. En 1996, le Centre Pompidou de Paris lui consacre une rétrospective, ce qui l'installe définitivement comme l'un des peintres les plus cotés du marché de l'art. En 2004, il est le premier peintre contemporain à exposer son travail au musée du Louvre, avec ses aquarelles de la Divine Comédie. L'année 2008 marque la consécration absolue de Barceló avec la réalisation de la coupole du palais des Nations de Genève.
Influencé par l'art conceptuel, l'art brut, l'Action painting et par des artistes comme Miró et Antoni Tàpies, Barceló trouve sa principale source d'inspiration dans la nature. La découverte du Mali, où il passe par la suite une grande partie de son temps, a submergé la plupart de ses toiles. Son travail dans la chapelle de la cathédrale de Palma de Majorque donne à voir deux mondes : *Les Fruits de la mer* et *Les Fruits de la terre*. Il a reçu en 2003 le prestigieux prix Prince des Asturies dans le domaine des arts.

- **Raoul Haussman (1886-1971).** Cofondateur du mouvement dadaïste, peintre et écrivain, il s'installe à Ibiza dès les années 1930 et réalise des photos qui constituent aujourd'hui une véritable mémoire historique de l'île.

- **Joan Miró (1893-1983).** Peintre, sculpteur et céramiste, il est le descendant d'une grande famille majorquine, mais c'est à Paris qu'il rencontre d'autres grands noms espagnols de la peinture comme Picasso. C'est également dans la capitale française qu'il se réfugie pour échapper à la guerre civile, mais il retourne à Palma pendant la Seconde Guerre mondiale. A quelques kilomètres de la capitale, se trouve la fondation qu'il a créée avec sa femme Pilar, et qui possède une grande partie de ses dernières œuvres.

Traditions

A Majorque, beaucoup de légendes se mélangent à la réalité. Il semble que la toponymie soit déjà mêlée à des légendes. Les îles ayant été occupées par les Romains, les Carthaginois, les Arabes, il n'est pas étonnant que chacune d'elles conserve sa propre version des faits et de l'histoire, souvent racontée à travers les générations. Les danses et les folklores sont représentatifs du mélange de ces civilisations.

FESTIVITÉS

Aux Baléares, tout est prétexte à la fiesta. Les Espagnols ont ça dans le sang, si bien que leur calendrier des fêtes est assez chargé ! Voici une sélection des principales fêtes populaires et grands événements de l'année.

Janvier

FÊTE DE SANT ANTONI ABAT

La fête de Sant Antoni Abat est célébrée chaque année le 17 janvier en l'honneur de saint Antoine, patron des animaux domestiques. A cette occasion, de grands feux de joie, symbolisant la purification et la victoire du bien sur le mal, sont allumés dans les principales rues et places des villages de Majorque et de Minorque, et les habitants, déguisés, défilent et dansent. A Minorque, on fête aussi la reconquête catalane de l'île en 1287 par Alphonse III. Une célébration populaire d'envergure qu'il ne faut absolument pas rater lors d'une visite à la mi-janvier.

SANT SEBASTIÀ

PALMA DE MALLORCA

Fête patronale de Palma qui s'étend pratiquement sur l'ensemble du mois de janvier. La nuit du 20 janvier : feux d'artifice, feux de joie, *torrades* (barbecues) et concerts dans les rues. La mairie de Palma publie tous les ans un programme complet des activités.

© IAMJORGE – SHUTTERSTOCK.COM

Fête de Sant Antoni Abat.

Février

CAVALCADE DU CARNAVAL

La fête du carnaval se déroule traditionnellement sur toutes les îles des Baléares, juste avant le début de la période de carême. C'est certainement à Palma de Mallorca que le carnaval est le plus important : les fêtes traditionnelles commencent le jeudi gras et s'étendent sur toute la durée du week-end, avec au programme concerts, spectacles de danse et défilés costumés ! La coutume veut que la fête se termine le Mercredi des Cendres avec « l'enterrement de la sardine », symbole du carnaval, marquant le début du printemps et d'un nouveau cycle de vie !

Mars

SETMANA SANTA

La *Setmana Santa* est une commémoration de la mort et de la résurrection du Christ, particulièrement célébrée en Espagne. Elle débute le dimanche des Rameaux et se termine le dimanche de Pâques. Elle attire dans les rues autant de fidèles que de touristes qui, tous, viennent assister aux processions spectaculaires et autres reproductions liturgiques retraçant les derniers jours du Christ, organisées par les confréries. Dans les Baléares comme en Espagne, la Semaine sainte marque généralement le début de la saison touristique.

Juin

FÊTE DE LA SAINT-JEAN (SANT JOAN)

La Saint-Jean (Sant Joan en catalan) est, de loin, la fête la plus populaire de l'archipel, voire de tous les territoires où le catalan est parlé. A cette occasion, les villes et villages accueillent des feux d'artifice organisés par les municipalités, mais c'est aussi un moment de joie vaguement anarchique où les pétards fusent dans tous les sens ! On se réunit

Semaine Sainte à Palma de Majorque.

alors massivement sur la plage pour faire la fête... jusqu'au petit matin pour les plus gaillards !

Juillet

FESTIVAL DE POLLENÇA

Calle Guillem Cifre de Colonya
POLLENÇA
www.festivalpollenca.com
Chaque année, en juillet et en août, Pollença est le cadre d'un festival de musique célébré depuis 1962. Le festival réunit de nombreux artistes provenant de la scène classique, mais aussi du jazz, du flamenco et du gospel. Les concerts ont lieu dans le cloître du couvent de Santo Domingo, un cadre magnifique pour profiter d'une soirée musicale.

FESTIVAL INTERNATIONAL DE JAZZ À SA POBLA

www.sapobla.cat
Lancé en 1995, le festival international de jazz de Sa Pobla est un évènement musical réputé à Majorque, mais aussi au-delà des frontières espagnoles. En plus d'un quart de siècle d'existence, les scènes de la Plaça Major du village majorquin ont vu passer quelques noms célèbres du monde du jazz.

NITS A LA FRESCA

La mairie de Palma organise de nombreuses activités culturelles pendant tout l'été : concerts, cinéma en plein air, théâtre...

Août

FÊTES DE POLLENÇA

POLLENÇA
Commémoration de la victoire des chrétiens sur les pirates maures avec la reconstitution de l'événement par des groupes costumés.

Septembre

DIADA DE MAJORQUE

La Diada de Mallorca correspond au « jour de Majorque », qui commémore chaque année, le 12 septembre, le serment prêté par le roi Jacques II en 1276 à la charte du Règne de Majorque. Pendant plus d'une semaine, de nombreux concerts et conférences ont lieu, ainsi que toute une gamme d'activités, essentiellement dans la zone de Palma de Mallorca : régate de voile latine, compétition de tir à la fronde, course de trot à l'hippodrome de Son Pardo. Des prix et distinctions sont également remis aux Majorquins qui se sont illustrés dans l'année (art, culture...)

Octobre

MARATHON DE PALMA

www.palmademallorcamarathon.com
info@zafiropalmamarathon.com
Plusieurs sections : marathon, semi-marathon et 10 km. Préinscription indispensable disponible en ligne.

VEILLÉE DES VIERGES

Le 20 octobre, les rues se remplissent de jeunes venus célébrer cette vieille tradition. Durant la Revetla de les Verges, les prétendants courtisaient les jeunes filles en leur chantant la sérénade. En retour, celles-ci leur offraient du moscatel et des beignets. Aujourd'hui, cette tradition a perdu un peu de son romantisme (!), mais c'est une bonne excuse pour faire la fête et manger des beignets.

CUISINE LOCALE

Généreuse et variée, la cuisine des Baléares s'inspire directement des traditions culinaires importées avec eux par les différents conquérants et colonisateurs des îles au cours de l'histoire. Ses plus grands emprunts viennent sans aucun doute de la cuisine catalane et de celle de la région de Valence, cette dernière ayant elle-même fort emprunté à la cuisine arabe, à une époque où le pays de Valence n'avait pas encore été rattrapé par la Reconquista.

A base d'huile d'olive, la cuisine des Baléares fait appel aussi bien aux produits du terroir qu'à ceux de la mer, avec une prédilection de chacune des quatre grandes îles de l'archipel pour tel ou tel produit.

Commun aux quatre îles de l'archipel des Baléares, le fameux pa amb oli est à savourer en début de repas : ce sont des morceaux de pain préalablement baignés dans de l'huile d'olive et frottés à l'ail, que l'on tartine d'une sauce à base de tomates et de vinaigre. El ali-oli (mayonnaise à l'ail) se prépare dans toutes les îles et se sert comme entrée accompagnant le pain et les olives. Autre délice à déguster dans les quatre coins de l'archipel : la sobrassada (charcuterie locale). Les cocas, sorte de pizzas locales, sont aussi très connues et se dégustent dans toutes les îles.

© NITO100 - ISTOCKPHOTO.COM

Préparation des ensaimadas, Palma de Mallorca.

Produits et spécialités

A Majorque, la cuisine privilégie les produits de son arrière-pays (gibiers, charcuteries et autres légumes), dans la vaste plaine séparant les sierras de Tramuntana et d'Arta. Sur les côtes majorquines, vous dégusterez sans difficulté un plat de poissons ou de fruits de mer. Parmi les spécialités de l'île, vous pourrez goûter au *frit mallorquí*, à base de viande ou de poisson, de poivrons et de pommes de terre frits dans l'huile d'olive. C'est dans le petit village de Sineu que vous dégusterez les meilleurs *frits* de Majorque. Autre grande spécialité : la soupe majorquine (*sopes mallorquines*), qui n'a en fait rien d'une soupe puisque le bouillon est absorbé par des tranches de pain cuites avec des oignons, des poivrons, de la viande, des champignons... les variations sont nombreuses. Enfin, vous ne pourrez pas échapper à la spécialité la plus célèbre de l'île : la fameuse *ensaimada*, viennoiserie sucrée en forme de spirale, que l'on déguste à l'heure du petit déjeuner.

Tumbet.

Boissons

Les liqueurs sont très prisées sur les îles et chacune d'elles a la sienne. A Majorque, il s'agira de Palo.

Les bières : vous trouverez principalement la marque catalane Estrella et la bière locale Isleña. Si vous voulez commander un demi, demandez une *caña* (prononcez « cagna »). Très couleur des îles et se rapprochant de notre panaché, *la clara* est un mélange de bière et de Schweppes citron.

L'immanquable *chupito* est le nom du petit verre de liqueur, offert souvent par la maison après le dîner.

Le café est normalement noir. *Con leche*, il est additionné de lait chaud. Le café *cortado* est un espresso coupé avec du lait froid. Le café *solo* est un café noir. Il peut être en *sobre* (en poudre) ou de *maquina* (espresso). Pour les décaféinés, il en va de même. *El carajillo*, version Baléares, ne change que par l'alcool, souvent local, qui est ajouté au café.

Les vins. Ce n'est pas la région la plus réputée d'Espagne pour ses vins, pourtant les Baléares ont une production notable qui gagne à être connue. Il existe 2 dénominations d'origine contrôlée sur les îles, toutes deux situées à Majorque : Binissalem, qui produit d'intéressants vins rouges de crianza, et Pla i Llevant, qui se distingue par ses vins blancs de chardonnay. Chacune des îles produit également ses vins du pays – des vins de table intéressants issus de divers cépages.

Habitudes alimentaires

Les horaires de repas. Aux Baléares comme dans le reste de l'Espagne, les heures des repas s'étalent tout au long de la journée. Le soir, les restaurants se remplissent vers 22h, bien souvent les clients se seront retrouvés avant, devant un verre et des tapas, et commencent plus tard leur repas au restaurant. Dîner au restaurant est fréquent, les Espagnols aiment manger dehors.

Vous trouverez beaucoup de petits établissements très bon marché et fréquentés par des locaux. Quand ils choisissent de dîner chez eux, ils passent à table vers 21h et aiment se retrouver autour d'un verre pour finir la soirée entre amis.

Les tapas aux Baléares sont généralement présentées sous forme de rations, même si l'on trouve également des *montaditos* (sur du pain). Sur la carte des restaurants et bars à tapas, vous trouverez surtout des rations de poissons (poulpe, sèches, calamars, moules, etc.), des fritures (*patatas bravas*, beignets, croquettes de poulet ou de jambon, etc.), des charcuteries (*butifarra*, chorizo, assiettes de jambon), et enfin des fromages, que l'on sert également sous forme de rations, et que l'on accompagne de l'incontournable *pa amb tomàquet*.

Quelques recettes

Burrida de Ratjada [ragoût de raie]

Bien nettoyer la raie et la placer dans un plat afin de la faire mariner quelques heures avec du citron et du sel. Ensuite, rincer la raie sous l'eau froide et la faire bouillir dans une casserole avec peu d'eau. A mi-cuisson, changer l'eau. Ecraser deux gousses d'ail, un peu de biscottes, du persil et des amandes grillées. Y ajouter un œuf battu avec un filet d'huile d'olive. Répandre ce mélange sur la raie en fin de cuisson et terminer la cuisson à feu doux. Ce plat peut être accompagné de pommes de terre.

Sofrit pagès [ragoût de la campagne]

Faire un bouillon avec un demi-poulet et 1/2 kg de mouton ou d'agneau et filtrez-le. Faire revenir dans une casserole 2 cuillères de saindoux ou d'huile d'olive avec quelques morceaux de lard. Ajouter 3 gousses d'ail entières, quelques morceaux de *sobrassada* (saucisse typique d'Ibiza), de *butifarra* (boudin noir) et quelques pommes de terre. Une fois que c'est cuit, ajouter 2 à 3 louches de bouillon, la viande coupée en morceau, du sel, du poivre, du piment rouge et une pincée de cannelle et de safran. Finir la cuisson à feu doux.

Flaó [gâteau au fromage typique]

Pour faire la pâte, mélanger 500 g de farine avec un peu d'eau, d'huile et un verre d'anis. Etaler cette pâte dans un moule. Dans un plat, battre 4 œufs avec 500 g de fromage frais de brebis et 500 g de sucre. Ajouter quelques feuilles de menthe. Verser ce mélange sur la pâte et faire cuire pendant 30 minutes. Ce dessert se sert froid, saupoudré de sucre et vous pouvez y ajouter une feuille de menthe pour la décoration.

SPORTS ET LOISIRS

Les Baléares sont une terre de sportifs et comme partout en Espagne, on se passionne pour le football, le basket-ball ou le cyclisme. Le club de foot phare de l'archipel est le Real Majorque qui fait régulièrement l'ascenseur entre les deux premières divisions espagnoles. Mais le sportif le plus connu des Baléares est le tennisman Rafael Nadal, surnommé le Taureau de Manacor. Douze fois vainqueur de Roland-Garros notamment, il a porté haut les couleurs de cette cité de l'est de Majorque. Côté sport traditionnel, il faut mentionner le tir à la fronde, qui met à l'honneur une pratique qui remonte au VIIe siècle av. J.-C. et que l'on peut voir à lors de compétitions folkloriques. Les frondeurs des Baléares eurent un rôle important au moment des guerres puniques. Enfin, les activités seront nombreuses lors de votre séjour, que ce soit dans l'eau (plongée, voile, ski nautique, paddle, etc.) ou sur terre (golf, randonnée, équitation...).

Sports nautiques

Les Baléares sont un paradis pour les amateurs de sports nautiques : voile, ski nautique, plongée sous-marine, scooters des mers, canoës, etc. Les îles disposent d'un vaste dispositif de ports de plaisance. Pratiquement toutes les écoles et tous les centres nautiques vous proposent des cours d'initiation (en individuel ou en groupe) ainsi que des forfaits à la semaine. De plus, la faune et la flore marines de la Méditerranée sont si magnifiques qu'il serait dommage de ne pas en profiter. Vu l'étendue de la zone côtière, vous trouverez des centres de plongée sur la majeure partie du littoral. Les sites les plus remarquables se situent dans les trois baies de l'île : Palma, Alcúdia et Pollença. Faune et flore y sont magnifiques et la clarté de l'eau rend vraiment la plongée inoubliable.

LE TOP 10 DES PLUS BELLES PLAGES DE MAJORQUE

Cette île au littoral aussi diversifié offre une multitude de criques et de plages en tout genre. Voici notre top 10 :

- **S'Amarador, Santanyí**. Eau turquoise, sable fin, forêt de pins... Une piscine naturelle particulièrement tranquille, avec seulement un petit *chiringuito* en cas de grande soif. A ne pas confondre avec Sa Font d'en Alís, située à 500 m, mais beaucoup moins tranquille. Vous reconnaîtrez S'Amarador pour son unique construction : une ancienne maison de pêcheurs aujourd'hui abandonnée.

- **Es Trenc, Campos**. C'est aujourd'hui la plage la plus connue de Majorque et un site incontournable pour les touristes bien informés. Avec ses 3 km de sable blanc et son environnement totalement vierge, Es Trenc est le paradigme des plages paradisiaques. Cependant, un endroit aussi magique ne pouvait pas rester secret bien longtemps, et la plage est aujourd'hui très (trop !) fréquentée en été. En fin de journée, c'est aussi un spot branché pour prendre un cocktail dans l'un de ses *chiringuitos*. Notez que l'accès en voiture est payant.

- **Es Caló d'Es Moro, Santanyí**. Située entre deux falaises entièrement vierges, c'est probablement l'une des plages les plus spectaculaires de l'île. Ce n'est malheureusement plus un secret pour personne, et il vous sera presque impossible d'étendre votre serviette en été (mieux vaut y aller en fin de journée). Un conseil : apportez de quoi boire et manger, il n'y a aucun *chiringuito* dans les parages.

- **Cala Varques, Manacor.** Entre le moment où vous abandonnerez votre voiture et l'arrivée sur cette plage, il faudra compter une bonne vingtaine de

Es Trenc.

minutes de marche en forêt. A l'arrivée, le spectacle est impressionnant : deux petites criques séparées par des rochers et entourées de forêt à perte de vue, vous vous croirez au bout du monde… Très fréquentée par les jeunes.

▶ **Cala Torta, Artà**. Cette plage est généralement oubliée des plans de l'île, tant elle est sauvage et difficile d'accès. Le paysage est sensiblement différent du reste de Majorque, avec ses terres rouges et sa campagne sèche. Lorsque la mer est agitée, vous y croiserez quelques surfeurs.

▶ **Cala Tuent, Escorca**. Voisine de la trop célèbre plage de La Calobra, la Cala Tuent est le paradis des plongeurs. Constituée de rochers et entourée de forêt, la plage n'est pas très commode si vous venez profiter des joies de la plage, mais idéale pour une journée de plongée. A vos masque et tuba !

▶ **Llucalcari, Deià**. L'eau de Llucalcari est fraîche et limpide, d'autant plus que ses profondeurs sont couvertes de rochers. Ce n'est pas l'idéal pour être confortablement installé (il faudra planter votre serviette sur les rochers), mais la pureté de ces eaux est incomparable. Ses mares de boue attirent également de nombreux visiteurs : après avoir recouvert votre corps de boue, plongez dans l'eau claire qui descend des montagnes !

▶ **Cala Formentor, Pollença**. Située à 15 minutes du phare de Formentor, cette crique réunit tous les éléments nécessaires à une bonne journée de plage : eau de mer turquoise, quelques zones de rochers pour faire de la plongée, une longue plage de sable fin, vues sur la baie de Pollença… Une belle plage très commode pour une journée en famille.

▶ **Es carbó, Ses Salines**. Une oasis de tranquillité à environ 30 minutes à pied du village de Colonia de Sant Jordi. Son sable fin et ses eaux turquoise rappellent la plage d'Es Trenc, en plus tranquille. Attention, le soleil frappe fort dans ce coin de l'île, n'oubliez pas votre parasol.

▶ **Cala Pí, Llucmajor**. L'une des criques sauvages les plus proches de Palma, à environ 25 minutes en voiture. La plage est bordée de quelques petites maisons de pêcheurs, un environnement particulièrement pittoresque pour une agréable journée de plage.

Randonnée

Les îles ne se bornent pas à tirer seulement parti de la mer. En effet, la douceur de l'hiver permet la randonnée à pied ou à vélo. Grâce à ses paysages diversifiés, la première île des Baléares est idéale pour une randonnée. Entre zones montagneuses et vallées, chaque étape est la découverte d'une nouvelle facette de Majorque. Port Sóller, Deià et la Cala de Deià, le lac de Cuber, le canyon Camí d'Es Barranc, la Serra de Tramuntana, le cirque de la vallée de Balitx, le Cap Ferrutx au nord de l'île... La route est longue si l'on désire tout voir, mais les paysages sont magnifiques et les randonnées agréables.

Équitation

Malgré l'impact touristique, les îles Baléares possèdent encore de nombreux lieux qui n'ont pas été touchés par le temps : des montagnes, des zones naturelles, des parcs naturels et des villages pleins de charme. La splendeur de ces sites, entre mer et montagne, peut être découverte à cheval. La tradition équine est très forte aux Baléares, et pratiquement toutes les stations balnéaires ont un centre équestre vous offrant la possibilité d'une randonnée à cheval, adaptée à votre niveau.

Golf

Séjourner aux Baléares sans jouer au golf, c'est comme passer son hiver dans les Alpes sans faire de ski : depuis quelques années, Majorque s'est imposée comme étant l'île qui dispose du plus grand nombre de parcours de golf par rapport à sa superficie. Les conditions géographiques naturelles conjuguées au climat en ont fait un paradis pour les golfeurs. Pas moins d'une vingtaine de parcours de renommée internationale permet aux amateurs locaux comme aux grands noms étrangers de venir passer du bon temps dans ces havres de paix. Citons les golfs d'Andratx et de Son Antem à proximité de la baie de Palma, mais aussi ceux situés au nord-est comme le Canyamel ou le Capdepera. Allez y faire un tour, vous y croiserez peut-être, qui sait, quelques habitués tels Jack Nicholson, Michael Douglas ou encore la princesse Brigitte de Suède...

Cyclisme

Les amateurs de cyclisme sont nombreux à profiter du climat printanier ou automnal pour parcourir les sentiers de Majorque. Routes plates à travers la campagne ou parcours très sportifs à travers la Tramuntana, les options sont nombreuses.

ENFANTS DU PAYS

Parmi les visiteurs illustres qui se sont rendus aux Baléares dès le XIXe siècle, les noms de George Sand, Frédéric Chopin, Ruben Dario et Miguel de Unamuno reviennent très souvent. Aujourd'hui, les îles sont mondaines et la liste des personnalités qui les fréquentent est interminable. Certains y sont nés et d'autres en sont des résidents permanents. Signalons enfin ceux qui y séjournent régulièrement ou y font escale. Le bateau est sans aucun doute le moyen privilégié des gens fortunés de profiter des Baléares tout en se protégeant de la foule. Beaucoup de bateaux et de paparazzis font désormais partie des mœurs locales aux Baléares. Ainsi, Juan Carlos Ier et la famille royale d'Espagne viennent-ils à Majorque passer des vacances dans leur résidence d'été, le palais de Marivent, près de Cala Mayor. Bon nombre de célébrités européennes du spectacle, des médias ou du sport ont fait d'Ibiza un lieu de séjour régulier. La plupart des joueurs de football du Real Madrid et du Barça y passent leur été. Paris Hilton et Kate Moss sont également des habituées. A Majorque comme à Ibiza, le monde de la mode et des modes est très présent. Cette popularité enchante les habitants des Baléares, ravis par la même occasion de voir augmenter le nombre de curieux. Les Baléares sont devenues le lieu de rendez-vous des stars et peuvent à ce titre soutenir la comparaison avec Saint-Tropez. Seules Marbella et Sotogrande en Espagne rivalisent sur ce terrain avec l'archipel.

Maria del Mar Bonet

Née en 1947 à Majorque, elle apprend dès son plus jeune âge les chansons populaires des Baléares. Voilà peut-être pourquoi, malgré une carrière nationale et internationale accomplie, la célèbre chanteuse espagnole est aujourd'hui encore considérée comme le porte-parole de l'archipel. Influencée par le folklore de ses ancêtres, mais aussi par des sonorités celtes et nord-africaines, elle cumule les disques d'or et se distingue par un répertoire bien à elle.

Carlos Moyà

Né à Palma de Majorque en 1976, le célèbre joueur de tennis débute sa carrière professionnelle en 1995. En un temps record, il atteint le sommet du classement mondial et gagne, entre autres, le tournoi de Roland-Garros en 1998. Vainqueur du tournoi de Buenos Aires en février 2006. En 2010, il a annoncé son retrait de la compétition. Depuis octobre 2013, il est le capitaine de l'équipe d'Espagne de Coupe Davis. Puis, après avoir épaulé Milos Raonic en 2016, il devient ensuite l'entraîneur adjoint de son ami Rafael Nadal.

Rafael Nadal

Né à Manacor en 1986 (Majorque), Rafael Nadal a d'abord beaucoup joué au foot, au poste d'avant-centre, avant de choisir définitivement la raquette sous la protection d'un de ses oncles, Toni, qui a très longtemps été son entraîneur.

Après sa médaille d'or aux Jeux olympiques de Pékin en 2008, il arrive en 1re position du classement mondial et reçoit le prix Prince des Asturies en 2008 dans la catégorie Sports. En 2009, il redescend à la 3e place du classement mondial suite à une blessure du genou et renonce à défendre son titre à Wimbledon. Il revient en force en 2010 et remporte les victoires de Roland-Garros, Wimbledon et l'US Open, se classant ainsi 1er au niveau mondial. En 2012, il gagne pour la 7e fois Roland-Garros face au serbe Novak Djokovic, devenant ainsi le joueur qui a remporté le plus de victoires dans l'histoire de Roland-Garros. L'année 2013 est à nouveau celle de tous les records : il remporte, pour la 8e fois, le tournoi de Roland-Garros puis l'US Open. En 2014, il remporte pour la 9e fois Roland-Garros. Il sera moins en forme lors des éditions 2015 et 2016 où il ne sera pas sacré. Mais ce n'est que partie remise puisque l'année 2017 sera celle de tous les records : dixième titre à Roland-Garros et redevient numéro un mondial au classement ATP. Depuis, Nadal a porté son nombre de Grands Chelems à 22 (un record à l'été 2022), dont la bagatelle de… 14 Roland-Garros !

Rossy de Palma

Née à Palma de Majorque en 1964, Rossy de Palma (de son vrai nom Rosa Elena García Echave) est célèbre pour avoir été une *chica* Almodóvar dans les années 1980. En effet, elle est devenue l'une des actrices fétiches du cinéaste espagnol et a joué dans la plupart de ses films : *La loi du désir*, *Femmes au bord de la crise de nerfs*, *Attache-moi*, *Kika*, *La fleur de mon secret*, et plus récemment dans *Les étreintes brisées*. Figure incontournable de la *movida* madrilène, Rossy se fait remarquer par son physique hors du commun. Son style et son allure feront le reste : on la retrouve parmi les top models du clip *Too Funky* de George Michael, et dernièrement comme mannequin chez Luis Vuitton à l'occasion d'une campagne solidaire. En 2015, elle est membre du jury du Festival de Cannes. En 2016, elle apparaît dans *Julieta*, réalisé par Pedro Almodóvar qui la fera à nouveau tourner dans *Madres paralelas* en 2021. En 2019, elle est membre du jury du Festival international de l'Alpe d'Huez et en mai 2022, elle est la présidente du jury de la Caméra d'Or au Festival de Cannes 2022.

José Luis de Vilallonga

Aristocrate, acteur et écrivain espagnol, né à Madrid en 1920 et mort à Andratx (Majorque) en 2007. De lignée aristocratique, il a souvent joué au cinéma des rôles d'homme distingué et cultivé, notamment dans *Les Amants* de Louis Malle, *Cléo de 5 à 7* d'Agnès Varda, *Diamants sur Canapé* de Blake Edwards et *Juliette des Esprits* de Fellini. Il a publié de nombreux romans en français et en espagnol, dans lesquels il excelle dans l'art de l'anecdote. Il a également collaboré comme journaliste pour *Paris Match*, *Vogue* et *Playboy Espagne*. Il a terminé ses jours dans sa maison de Andratx.

VISITE

Palma de Mallorca.

LE SUD-OUEST (PONENT)

Le sud-ouest de Majorque est appelé El Ponent. Il est constitué des communes de Calvià et Andratx. Cette région est caractérisée par sa forte concentration touristique, avec une clientèle plutôt jeune du côté de Calvià (qui englobe Illetes, Portals Nous, Palmanova et Magaluf) et plutôt familiale vers Andratx (Peguera, Camp de Mar, Port d'Andratx, Sant Elm...). L'île de Sa Dragoneta est le symbole incontestable de la région. Vous verrez qu'elle a vraiment la forme d'un dragon à moitié submergé dans l'eau !

Palma de Mallorca ★★★

Capitale de l'île et de la Communauté autonome des îles Baléares, centre administratif et commercial, point névralgique des communications intérieures et extérieures, Palma compte plus de 430 000 habitants, soit une bonne moitié de la population de Majorque. Le charme indéniable de sa vieille ville se dévoile au gré de ses ruelles étroites, de ses façades colorées et de ses superbes édifices anciens, de la cathédrale gothique au palais royal de l'Almudaina. Une pause café sous le palmier d'une place pavée, une traditionnelle *ensaïmada*, et nous voilà fin prêts pour partir à la conquête de Palma, ses palais et sa myriade de patios. Prenez le temps de savourer l'art de vivre *mallorquí* !

▶ **Histoire.** Les premières informations qui nous sont parvenues sur la naissance de la ville remontent à la conquête de l'île par les Romains, fondateurs de deux colonies : Palmaria (Palma) et Pollença. Après sa destruction par les Vandales et les Goths, l'île connaît une période incertaine jusqu'à sa conquête, au VIIIe siècle, par les Sarrasins. Ces derniers apportent quatre siècles de prospérité et font de Palma la capitale de l'île (l'Almudaina est le seul vestige des fortifications de l'époque ; le château de l'Almudaina était la résidence du wali). A partir de 1229, date de la reconquête de l'île par Jacques Ier et de la création du royaume de Mallorca, et ce jusqu'au XVIe siècle, Palma, sous le nom de Ciutat de Mallorques, entre dans une période d'essor. Le site extraordinaire et l'importance capitale de sa baie font jouer à la ville un rôle commercial essentiel en Méditerranée. Aujourd'hui encore, la vieille ville offre une série de remarquables exemples d'architecture religieuse et civile qui témoignent de la période de son grand épanouissement. Toutefois, l'unité du royaume d'Espagne réalisée, Palma n'est épargnée ni par les révoltes et les luttes internes, ni par les fléaux ; d'abord une grande famine provoquée par la sécheresse puis, en 1652, une épidémie de peste. Ces deux catastrophes marquent le début du déclin de la ville. Si le XVIIIe siècle signe une période de transformation politique pour Majorque, il faudra attendre le XIXe siècle pour que commence la transformation de Palma. Depuis, son expansion n'a pas cessé.

Le port de Palma de Mallorca
Xile
Passeig
Av. Picaso
Nicaragua
Andrea Doria
Illes Balears
Poble Espanyol
Congresos
Costa Rica
Solo
Parc
Bellpuig
Miquel Porcel
Son Espanyolet
Vinedo
Morla
Avinyo
Son Cotoneret
Poble Espanyol
B. Rossello Porcel
Bernareggi
J. M. Tomas
T. Vila
M. Moll Dunach
Almiral Bonifaz
Son Armadams
Alferez Cerda
A. Gravina
N. de Balboa
Fra Juniper Serra
El Cano
Magalhaes
V. da Gama
Roger de Lluria
Marque de la Senia
Mt. Palmer
A. Cervera
Plaça
Almirall Churruca
Alvaro de Baza
Carretera Al Castillo de Bellver
C. Jose
Federico Garcia Lorca
Soldado Marroig
Santa Rita
Lluis Fabregas
Castell de Bellver
J. Villalonga
Salut
Avenida Joan Miro
Polvori
Lacy
Bellver
Infanta
Lanuza
Amengual dos de Maig
Lleo
Graves
Parc de la Quarentena
Duc
M. Pelayo
Salut
Robert
R. Ervera Moya
Rupert
0
200 m
N
F. Vidal i Sureda
Avenida Gabriel Roca
Cami Corb Mari
Bisbe
Garita
Joan Miro
Porto Pi
Torre Pelaires
Minorque
Majorque
Ibiza
Isla de Cabrera
Isla de Formentera

Palma de Mallorca
Damas Calvet
Bernat Amer
Pl. Forti
AVINGUDA DE PORTUGAL
J.L. Estelrich
Baro de Pinopar
Pl. Bisbe Berenguer
RAMON I CAJAL
Obrador
Eivissa
Menorca
Mateu
Ruiz de Alda
PASSEIG MALLORCA
Passeig Mallorca
Ruben
Santiago Rusiñol
Bisbe Campins
RAMBLA DELS DUCS DE PALMA
Cerdanya
Esparteres
Misericordia
Bonaire
Pl. Hospital
Gang
Pl. Sta. Magdalena
Sta Magdalena
Jardi Botanic
Angels
Bisbe
Sastre Roig
Sacristia
Sant Jaume
Pietat
Sta Maria del Sepulcre
Pere de Fraga
Aragones
Concepcio
Pl. Cavalleria
San Marti
AVINGUDA JAUME III
Agua
Serinya
Caputxines
Berenguer de Tornamira
Pl. Rei Joan Carles I
UNIO
Pl. Merce
FEIXINA
Proitectora
Can Granada
Can Brondo
Guixers
Sant Nicolau
S. Nicolau
Pau
Sant Gaeta
PASSEIG DES BORN
Pl. Porta de Santa Catalina
Sant Llorenç
Sant Feliu
Paraires
Pl. F. Chopin
Information touristique
Pl. Rosari
Sant Pere
VI
Forn de la Gloria
Sant Joan Montenegro
Estanc
Pl. Reina
Soledat
Conquistador
Pl. Drassana
Apuntadors
Jaume Ferrer
Llotja de Mar
Pl. Llotja
Passeig
Mar
AVINGUDA D'ANTONI MAURA
Costa de Laseu
Palau reial
Estudi General
S'Hort del Rei
Palau de la Almuddaina
Pl. Almoina
Cathédrale
AVINGUDA GABRIEL ROCA
Mirador
D'Alt
Moll
Esculera
0
200 m
N
PARC DE LA MAR
Information touristique
Parking
Voie piétonne

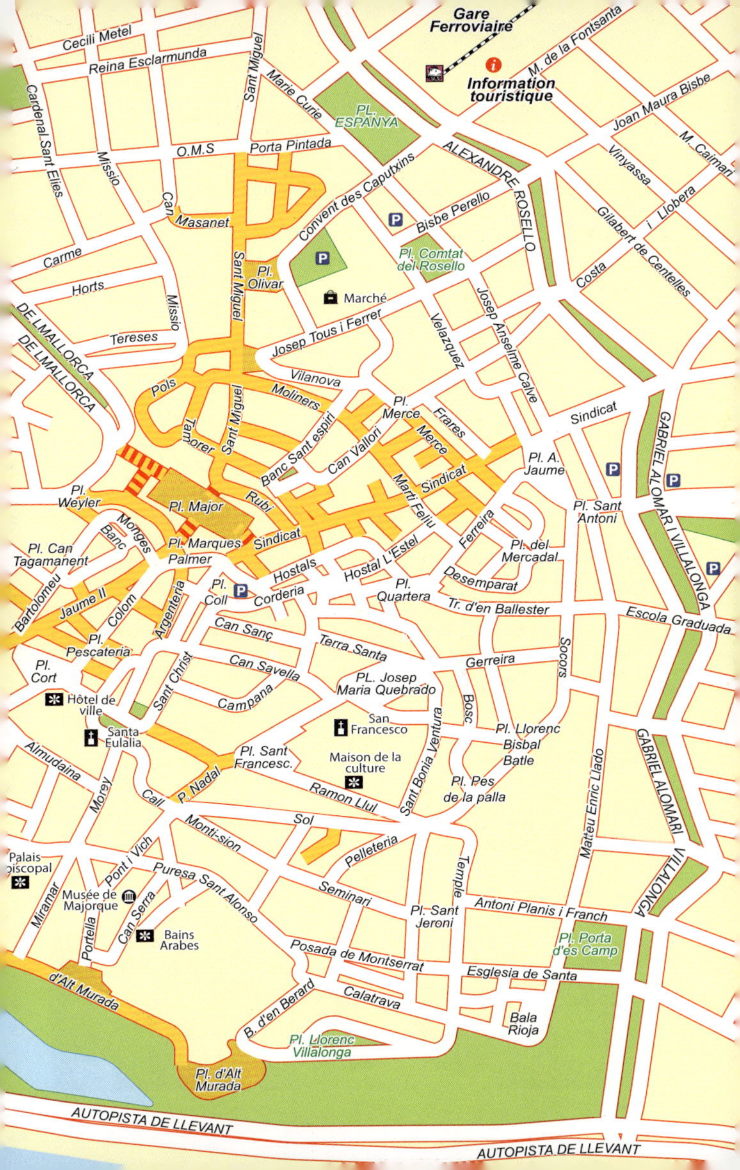
Gare Ferroviaire
Information touristique
Cecili Metel
Reina Esclarmunda
Sant Miguel
Marie Curie
M. de la Fontsanta
Joan Maura Bisbe
M. Caimari
PL. ESPANYA
Cardenal Sant Elies
Missio
O.M.S
Porta Pintada
Convent des Caputxins
ALEXANDRE ROSELLO
Vinyassa
Llobera
Can Masanet
Bisbe Perello
Gilabert de Centelles
Carme
Horts
Pl. Olivar
Pl. Comtat del Rosello
Costa
Marché
Tereses
DE LMALLORCA
DE LMALLORCA
Josep Tous i Ferrer
Velazquez
Josep Anselme Calve
Vilanova
Pols
Moliners
Pl. Merce
Frares
Merce
Sindicat
GABRIEL ALOMAR I VILLALONGA
Tamorer
Banc Sant espiri
Can Vallori
Pl. A. Jaume
Pl. Weyler
Pl. Major
Rubi
Sindicat
Marti Feliu
Pl. Sant Antoni
Monges
Banc
Pl. Can Tagamanent
Pl. Marques Palmer
Sindicat
Ferreira
Pl. del Mercadal
Hostals
Hostal L'Estel
Desemparat
Bartolomeu
Jaume II
Colom
Argenteria
Pl. Coll
Corderia
Pl. Quartera
Tr. d'en Ballester
Escola Graduada
Can Sanç
Terra Santa
Pl. Pescateria
Can Savella
Gerreira
Socors
Pl. Cort
Sant Christ
PL. Josep Maria Quebrado
Hôtel de ville
Campana
Bosc
San Francesco
Pl. Llorenc Bisbal Batle
Santa Eulalia
Pl. Sant Francesc.
Maison de la culture
Almudaina
Sant Bonia Ventura
Pl. Pes de la palla
Mateu Enric Llado
GABRIEL ALOMARI
Morey
Call
P. Nadal
Ramon Llul
Monti-sion
Sol
Palais piscopal
Pont i Vich
Pelleteria
Temple
VILLALONGA
Puresa Sant Alonso
Seminari
Musée de Majorque
Miramar
Can Serra
Pl. Sant Jeroni
Antoni Planis i Franch
Portella
Bains Arabes
Pl. Porta d'es Camp
Posada de Montserrat
d'Alt Murada
Esglesia de Santa
B. d'en Berard
Calatrava
Bala Rioja
Pl. Llorenc Villalonga
Pl. d'Alt Murada
AUTOPISTA DE LLEVANT
AUTOPISTA DE LLEVANT

Située au sud-ouest de l'île, Palma est une vraie grande ville. Fondée au Ier siècle av. J.-C., elle s'est développée au fil du temps, au gré des invasions.

Le centre historique de Palma. Il est divisé en deux quartiers ; la Dalt Vila (la ville haute) et la Vila de Baix (la ville basse). C'est le centre névralgique de Palma.

Dans la ville basse, El Born occupe l'emplacement d'une ancienne rivière (la Riera), et descend jusqu'à la mer, de part et d'autres des rues et ruelles très commerçantes : c'est le pôle commercial pour les résidents permanents, avec ses commerces de luxe et ses banques, tout en restant un lieu de promenade pour tous. L'essentiel des quartiers touristiques se situe entre El Born et la plaza Porta de Santa Catalina. La promenade y est très agréable, surtout pour faire du lèche-vitrines.

Dans la ville haute, le Barrio Antiguo abrite, outre la cathédrale, la majorité des monuments historiques de Palma. La Lonja et la Almudaina sont presque mitoyennes du Born, qui est, pour ainsi dire, à cheval entre ces deux vieux quartiers. Celui qui s'étend derrière la cathédrale est le plus touristique.

Il faut compter une bonne journée pour visiter le Barrio Antiguo et découvrir, au gré de ses ruelles, autour de la plaza Cort ou de la plaza Major, les vieux palais qui les bordent, vestiges d'une époque de grandeur et de prospérité.

La partie moderne. Elle s'étale au fond d'une belle baie de 2 km de longueur sur 25 km de largeur. Elle abrite les nouveaux quartiers et les stations balnéaires qui n'ont cessé de s'étendre depuis le début des années 1960 et dont l'architecture (tours et hôtels) n'est plus du goût de tout le monde. Le quartier du Paseo marítimo se visitera en premier.

Plaza Major.

Vue aérienne de Palma de Mallorca.

Face à la mer, sa vaste promenade, plantée de palmiers et d'orangers, longe la baie. Les bars et les terrasses de café ont proliféré dans cet environnement soigné où, tourisme oblige, se succèdent de nombreux hôtels à l'architecture relativement réussie.

En face, de l'autre côté du *paseo*, un immense port de plaisance s'étire sur la baie, une multitude de magnifiques et immenses yachts y sont amarrés. Complètement à l'ouest, le port commercial. De nombreux quartiers plus récents, comme El Terreno, dominé par le château de Bellver à l'ouest de Palma, sont devenus de véritables enclaves résidentielles où se concentre une partie de l'animation touristique, et cela jusqu'à la Cala Mayor.

A l'est, le Paseo marítimo se prolonge vers la vieille ville par l'avenida Ingeniero Gabriel Roca, laquelle débouche presque au pied de la cathédrale, visible de partout. Elle la dépasse et devient l'autopista de Levante (autoroute du Levant) qui mène à l'aéroport et à la Platja de Palma.

Certains quartiers de Palma sont réputés chauds, les marchés de la prostitution (près de la place d'Espagne et la gare routière) et de la drogue (entre la place du Temple et la place Llorent ou dans la rue San Bonaventura-Barrio Chino) occupent la rue.

De nouveaux quartiers ont vu le jour à l'intérieur des terres, dans un rayon allant jusqu'à 15 km de part et d'autre de la cathédrale. Ils ont été construits de manière anarchique, et leurs rues dégorgent vers l'autoroute de véritables flots de voitures en direction des plages, toutes très proches.

OFFICE DE TOURISME DE PALMA DE MAJORQUE

Plaça de la Reina, 2
✆ +34 971 173 990
www.infomallorca.net
oit@conselldemallorca.net

L'office de tourisme de Palma, qui vous renseignera également sur l'île dans son ensemble, s'est implanté en bas de l'immanquable *passeig del Born*, dans une petite rue adjacente. Plans de la ville, infos variées et agenda culturel sont distribués. Plusieurs points d'informations touristiques divulguant des informations sur la ville de Palma sont par ailleurs répartis dans le centre-ville, dont un kiosque ouvert toute l'année près du Parc de la Mar.

MALLORCA WINE EXPRESS

✆ +34 653 528 659
www.mallorcawinetours.com
info@mallorcawinetours.com

Une visite guidée pour découvrir les domaines viticoles emblématiques de Majorque. Le départ a lieu depuis les Bodegas Macià Batle (à 15 km de Palma, accès en train sur la ligne Palma-Manacor). A bord d'un petit train, vous découvrirez des paysages de vigne bucoliques à souhait, avec un arrêt dans deux bodegas pour des dégustations de vin. Le parcours, absolument splendide, est une façon originale de découvrir le versant rural de l'île.

PALMA CITYSIGHTSEEING

www.city-sightseeing.com
customer@city-sightseeing.com

Pour la visite de Palma, vous pouvez opter pour le très voyant bus rouge à deux étages, qui s'arrête aux points stratégiques de la ville. Une bonne solution pour se familiariser avec la ville. Des oreillettes vous sont distribuées avec votre ticket, vous permettant d'écouter en français un rapide commentaire de ce que vous apercevez. D'avril à octobre, la compagnie propose également des tours en bateau dans la baie de Palma sur le même principe que le bus. Deux types de tickets pour le bus (24h ou 48h) et deux lignes à suivre (la rouge ou la violette).

Cocher proposant une visite en calèche de Palma de Majorque.

Les immanquables de Majorque

Majorque est riche et variée. Le sportif, le fêtard, l'amateur de culture ou de farniente trouvera de quoi satisfaire son appétit. Cela tombe bien, car il y a un peu de tout cela en chacun de nous !

- **La vieille ville de Palma.** Les ruelles, les places, les monuments historiques, l'ambiance générale qui y règne.
- **Randonnées dans la sierra de Tramuntana,** classée au patrimoine mondial de l'Unesco, et découverte de ses villages.
- **Sóller et Port-Sóller.** Prenez le tramway, avalez une glace locale et flânez sur le port !
- **Artà, Sineu, Petra :** les villages intérieurs conservent le charme d'antan.
- **Les boîtes de nuit branchées** de la marina à Palma. Il y a foule sur les quais !
- **Le cap de Formentor,** un des sites les plus spectaculaires des Baléares.

À voir - À faire

A Palma, le nombre de galeries d'art est exceptionnel. L'île est un carrefour de rencontres pour de nombreux artistes internationaux, surtout en été. La famille royale vient ici tous les ans, et dans son sillage, toute une frange de la bonne société ibérique intéressée par l'art. Les inaugurations et les vernissages donnent lieu à de surprenants défilés mondains : n'hésitez pas à vous y arrêter. Les nombreux monuments se trouvent presque tous localisés dans le vieux quartier de la ville.
Le cœur de Palma renferme 2 500 ans d'histoire, un patrimoine exceptionnel pour une ville de cette dimension. Il n'est pas toujours aisé de découvrir toutes les traces de ce riche passé.

- **Les limites de la vieille ville.** Elle est aujourd'hui délimitée par la mer au sud et par ses boulevards en dents de scie à l'est, au nord et à l'ouest. Ces artères étaient occupées par les remparts jusqu'en 1900. Il n'en reste que quelques murs et une échauguette, en bas du passeig Sa Faxina. C'est là que se jettent les eaux du torrent quand les pluies violentes font revivre son cours, mais jadis il coulait dans la ville. A sec la plupart du temps, il est capable d'une violence inouïe quand l'orage gronde. En 1403, après une pluie diluvienne sur la Tramuntana, le torrent s'est soudain réveillé et a emporté plus de 4 000 personnes vivant sur ses rives. Depuis le passeig de Mallorca, entrez dans la ville par l'avenida Rei Jaume III.
- **Passeig del Born.** C'est là que le torrent coulait, se précipitant vers la mer. Cette belle avenue qui ressemble à la Rambla de Barcelone sépare la ville haute à l'ouest de la ville basse à l'est. Elle doit son nom aux tournois de chevaliers, jadis orchestrés sur les rives du cours d'eau.

Le born est le nom catalan qui désigne la pièce de bois que l'on plaçait en bout de la lance pour ne pas blesser l'adversaire dans les joutes. Levez les yeux sur la façade au n° 1 du passeig del Born et vous verrez une plaque qui témoigne de cette pratique. Un peu plus bas sur le même trottoir, il est difficile de manquer la façade de la casa Solleric avec ses trompe-l'oeil italiens du XVIIIe siècle. Aujourd'hui à la fois lieu d'expositions et office du tourisme, ce bâtiment possède une cour typique des hôtels particuliers de Palma. L'escalier impérial et le 1er étage sont soutenus par des voûtes très peu cintrées. En bas du passeig, à la plaça Reina, débutait autrefois le port romain. Des fouilles sont en cours.

Le palais March et la cathédrale. De la plaça de la Reina, engagez-vous dans le grand escalier qui débouche sur la calle del Palau Real. A mesure que vous avancez, le palais de Bartolomé March se dresse au-dessus de vous. L'endroit et les collections sont à voir absolument. En revenant légèrement sur vos pas, vous trouverez la façade de la Seu, l'unique cathédrale de Majorque (construite de 1300 à 1600). Son architecture gothique est parée d'une façade plus récente. En effet en 1851, un mouvement tectonique a bien failli détacher le porche du reste de l'édifice (sur les côtés, les fissures sont bien visibles). L'architecte a donc collé deux grandes tours sur la façade pour la maintenir. On dit que la tour du clocher est bâtie à l'endroit exact du minaret érigé par les Maures avant la domination chrétienne...

Clin d'oeil romain. Vous êtes au cœur de l'ancienne ville romaine. D'ailleurs, à quelques mètres de la cathédrale, là où se croisent les rues de Roc et de l'Estudi General se tenaient l'agora et le marché. Les deux axes formant le cardio et le decumanus, voies fondatrices de toutes les cités romaines.

La route des patios

Les patios de Palma sont l'un des éléments architecturaux les plus emblématiques de la ville. Ils sont directement hérités de la culture romaine, et trouvent leur raison d'être dans le climat méditerranéen. Elément central de l'espace de vie, les patios permettaient de laisser passer la lumière, facilitaient l'approvisionnement en eau et offraient un espace de relations sociales. Les patios gothiques privilégient la notion d'intimité, avec des espaces relativement étroits. C'est le cas du patio Can Catlar del Llorer (Can Savellà, 15). Can Catlar et Can Bordils (Almudaina, 9) témoignent de l'arrivée du style Renaissance. Mais l'apothéose du genre arrive avec le baroque, dont les plus représentatifs sont Can Olesa (Morey, 9), Can Vivot (Can Savellà, 4) et Can Solleric (Passeig del Born, 27). Vous pourrez également voir des exemples du classicisme (Can San Simón) et du néogothique (Can Espanya Serra, Fondation Barceló).

UNE TERRE DE GOLF

Non seulement les Espagnols sont des joueurs de golf réputés, mais en plus, la douceur du climat hispanique leur permet de jouer toute l'année (l'un expliquant d'ailleurs peut-être l'autre). A Majorque, où il ne gèle presque jamais et où le taux d'ensoleillement semble bénéficier de la clémence des dieux, il fait bon sortir ses clubs en plein mois de décembre ou de février. A 2 ou 3 heures d'avion de Paris, les mordus n'hésitent pas. Les Majorquins l'ont bien compris, ils proposent une vingtaine d'établissements sur leur île. Les infrastructures ne manquent donc pas. Voici le détail des deux golfs situés aux portes de Palma.

REAL GOLF DE BENDINAT
Campoamor, s/n – Urb. Bendinat
Calvia
✆ +34 971 405 200
www.realgolfbendinat.com
info@realgolfbendinat.com
Niché au fond d'un vallon, le golf royal de Bendimat, conçu par Martin Hawtree dans les années 1980, a le grand avantage d'être situé à une dizaine de minutes seulement de Palma. De difficulté moyenne, son parcours néanmoins assez bosselé offre des passages relativement techniques. Intéressant donc, si on aime les challenges ! Environnement superbe, verdoyant et arboré. Parfaitement tenu. On vous recommande grandement de louer une voiturette pour vous déplacer entre les trous qui sont parfois très éloignés. Restaurant très correct.

SON MUNTANER ET SON VIDA GOLF
C/ Miquel Lladó
Son Vida
✆ +34 971 78 30 30
www.sonmuntanergolf.com
golf.mallorca@arabellagolf.com
Depuis Son Vida, comme Son Quint, vous profiterez d'une belle vue sur la baie de Palma toute proche et sur la Tramuntana pour le premier. Son Muntaner est par ailleurs doté d'un très long parcours sur lequel sont disputés de nombreux tournois. Cadre magnifique, entouré de forêts de pins. Le terrain offre quelques défis à relever. Pitch & Putt, Pro Shop et restaurant. Pour l'anecdote : il abrite aussi le plus vieil olivier millénaire de Majorque !

Retour à l'ère chrétienne. En passant Carrer d'en Morey, au n° 27, jetez un œil au plus beau patio de Palma. Comme tout ce palais, il date du XVIIe siècle et il a conservé sa citerne (ce n'est pas un puits !), sa terre battue et ses anneaux pour attacher les chevaux. Sur la façade, à quelques mètres, les porches témoignent de la richesse passée de la famille puisque trois ouvertures étaient prévues pour y ranger autant de calèches. Un peu plus loin, l'église de Santa Eulalia trône sur sa place et donne un peu d'air à ce quartier aux ruelles serrées. En chemin pour la plaça Marquese, faites une halte au 10 de la rue Can Sans, chez le plus ancien et le meilleur glacier de Palma. En 1700, à son ouverture, la glace était fabriquée à l'aide de neige tassée dans la Tramuntana durant l'hiver. Stockée sur place dans les soubassements de solides cabanes de pierre, elle se conservait jusqu'à la fin de l'été !

L'apparition du modernisme. Quelques ruelles et vous voici plaça Marquese de Palmer, devant deux immeubles modernistes joints mais ô combien différents. Celui de gauche est signé Gaspar Benazar. Les lignes sont tendues et les couleurs sont froides, c'est une belle image du modernisme dit « Sécession de Vienne ». La maison d'à côté est l'oeuvre d'un joaillier ami de Gaudí (l'architecte de la Sagrada Familia de Barcelone). Naturellement, il a conçu cette maison comme un bijou usant de formes arrondies et de mosaïques. Enfin, le plus remarquable : l'ancien Grand Hôtel trône plaça de Mercat. Il a été réalisé par Luis Domenec de Montenel entre 1901 et 1904. Il est le premier édifice à bénéficier de l'électricité de toutes les Baléares. Aujourd'hui propriété d'une banque, il accueille des expositions temporaires. Des fers forgés floraux de ses balcons à ses vitraux, tout a été restauré conformément aux origines. Le Grand Hôtel rappelle fortement la Pedrera de Gaudí à Barcelone. Exact du minaret érigé par les Maures avant la domination chrétienne...

AJUNTAMENT DE PALMA

Pl. de Cort, 1
✆ +34 971 225 900
www.palma.cat

La mairie de Palma occupe les murs d'un élégant palais de style Renaissance érigé au XVIIe siècle sur la plaça de Cort. Elle abritait jadis l'ancien Hospital de Sant Andreu dont on peut encore observer le portail gothique. Sa façade baroque exhibe des éléments maniéristes d'une grande finesse. Au rez-de-chaussée, remarquez ses deux portes latérales décorées d'écus baroques et au centre, une large tribune populairement surnommée le « Banc des paresseux ». Elle est en outre couronnée par un très large avant-toit soutenu par des cariatides.

AQUALAND EL ARENAL

Autovia Palma-Arenal, km 15,
sortie 13
✆ +34 971 44 00 00
www.aqualand.es

A 10 km du centre-ville de Palma. Plus de 20 attractions aquatiques différentes. L'attraction du « Banzaï » mérite le détour.

AUDITORIUM DE PALMA – PALACIO DE CONGRESOS

Passeig Marítim, 18
✆ +34 971 735 328
auditoriumpalma.com
info@auditoriumpalma.com

© NATALI GLADO – SHUTTERSTOCK.COM

Baños Arabes.

Situé sur la promenade maritime, l'Auditorium de Palma est un palais hébergeant 9 salles, dont 2 théâtres. Il sert d'écrin à la scène théâtrale mallorquí et propose de nombreux spectacles de danse, ballets, concerts et autres événements culturels, en plus d'être un centre de conférences, conventions et réunions professionnelles. N'hésitez pas à consulter le site internet de Palais des Congrès pour connaître la programmation en cours. L'un des piliers de la culture aux Baléares.

■ BAÑOS ARABES ★★

Calle Serra, 7
✆ +34 637 04 65 34
Bains arabes du Xe siècle cachés dans un dédale de ruelles, à l'est de la cathédrale, dans ce qui était le quartier de la Medina Majurka. C'est l'un des derniers vestiges de l'époque de la domination musulmane aux Baléares. Deux pièces à visiter, dont la plus importante est sans conteste la salle de forme carrée, surmontée d'un dôme soutenu par 12 colonnes surmontées de chapiteaux aux formes irrégulières – empruntés de toute évidence à des constructions romaines – et percé d'ouvertures servant à aérer la salle. Charmant, mais pas incontournable.

■ CAIXA FORUM PALMA

Plaça Weyler, 3
✆ +34 971 178 512
caixaforum.es/palma
Avant de pénétrer dans l'établissement, vous admirerez tout d'abord la très belle bâtisse qui l'abrite, sa façade décorée de verre, de fer forgé et de boiseries. Appelé le Gran Hotel, ce somptueux édifice a bénéficié d'une importante restauration qui a remis en valeur ses formes extravagantes. La fondation La Caixa organise, dans cet hôtel particulier, des expositions temporaires, des conférences et des concerts, en plus de l'exposition permanente consacrée aux œuvres du peintre et lithographe postimpressionniste Anglada Camarassa.

CASAL SOLLERIC

Passeig del Born, 27
✆ +34 971 722 092
casalsolleric.palma.cat
solleric@palma.cat

Cette galerie municipale est installée dans un ancien palais majorquin du XVIIIe siècle imaginé par Gaspar Palmer et décoré par le sculpteur italien Antonio Soldatti. Il accueille des expositions temporaires d'art contemporain. Le déplacement vaut autant pour les œuvres que pour le cadre : mentionnons ici sa façade ornée d'une loggia, son superbe patio doté d'arcs surbaissés et d'un escalier impérial à double volée – avec ses rampes joliment travaillées en fer forgé – que l'archiduc Luis Salvador décrivit comme l'un des plus beaux patios de Palma.

CASTELL DE BELLVER ★★

Carrer Camilo José Cela, s/n
✆ +34 971 735 065
castelldebellver.palma.cat
castelldebellver@palma.es

© LINGBEEK – ISTOCKPHOTO

Château de Bellver.

A 3 km du centre de Palma et à plus de 100 m au-dessus de la mer, cette étonnante forteresse offre une très belle vue sur la ville et sa baie. Vous ne pouvez pas le manquer : sa construction massive de forme circulaire est flanquée de quatre tours, dont un donjon. Construit au XIVe siècle à la demande de Jacques II, le château fut la demeure des rois de Majorque, mais également une prison militaire au XVIe siècle. Il abrite un petit patio rond, avec deux galeries d'arches, ainsi que le musée municipal d'Histoire. Visite gratuite le dimanche.

CATHÉDRALE ★★★

Plaça Almoina, s/n
✆ +34 971 71 31 33
catedraldemallorca.org

Les Majorquins l'appellent La Seu (le siège). Il s'agit du deuxième lieu religieux le plus grand en Espagne. Majestueuse, faisant face à la mer, vous pouvez l'apercevoir du port de Palma. La construction de cette cathédrale gothique, de dimension imposante, a été entreprise en 1230 par Jacques Ier, sur l'emplacement de l'ancienne mosquée à l'aide des pierres calcaires de Santanyí. Un an plus tôt, le roi avait fait le vœu d'ériger un temple en l'honneur de la Vierge s'il échappait à la tempête essuyée lors de l'expédition de reconquête de Majorque. L'ensemble de l'édifice a été achevé en 1601, mais les travaux se sont poursuivis durant des siècles. Les dernières transformations (1903-1904), concernant la chapelle royale, ont été dirigées par Gaudí. La façade principale, reconstruite au XIXe siècle, est un bon exemple de style plateresque. La façade latérale, exposée au sud, est également très connue pour la représentation de la Cène sur le tympan et pour le portique del Mirador, orné de

Cathédrale de Palma de Majorque.

superbes sculptures dues à l'architecte majorquin Guillem Sagrera. La façade côté ville, avec le portique de la Almoina, qui touche le clocher, abrite une énorme cloche de 2 m de diamètre. A l'intérieur, une luminosité, qui souligne la simplicité de sa décoration, permet de découvrir les chaires, remarquables, ou encore le portique de l'ancien chœur, datant de la Renaissance. Observez enfin le portique de la salle capitulaire, de style baroque, et la chapelle de la Sainte-Trinité contenant les tombeaux de Jaime II et de Jaime III.

■ CENTRE ÉQUESTRE SON MAGRANER

Camí de la Real, 24
✆ +34 619 031 973
www.sonmagraner.com
A 5 minutes de Palma.

Cours d'initiation ou confirmés, excursions, stage d'une semaine, camp d'été. Chevaux et professeurs de qualité. Voici l'un des centres équestres les plus réputés de l'île. Il est implanté dans les alentours de la capitale. On y propose des cours particuliers (à partir de 30 minutes) et des cours en groupe, sur trois pistes (réservation anticipée), ainsi que des sorties guidées. Outre l'école d'équitation, l'établissement vend des chevaux et est aussi très actif niveau concours.

■ COLMADO SANTO DOMINGO

C/ Santo Domingo, 1
✆ +34 971 714 887
www.colmadosantodomingo.com
info@colmadosantodomingo.com

En balade dans la vieille ville, ne manquez pas de passer par ce petit commerce ouvert sur la rue et plein à craquer de produits typiques : *sobrasadas* et autres charcuteries, pains de figue, confitures, conserves gourmet (pâté de foie de porc aux truffes, par exemple), fromage de Minorque, amandes toastées des Baléares, liqueur de lait d'amande (produite à Majorque)... bien que la sobrasada reste la vedette incontestée. Le propriétaire vous réserve en outre un bon accueil (il parle français !) et se fera un plaisir de vous conseiller.

CONSOLAT DE LA MAR

Carrer de la Llotja, 3
A côté de la Lonja.
Cet édifice abritait jadis le Consulat de la Mer, créé en 1326, siège de la juridiction des affaires maritimes de la Couronne d'Aragon. Son rôle était de réguler le commerce et le droit des marchands. Sur sa façade à trois étages, on remarquera en particulier la loggia de style plateresque, pourvue de 5 arcades et d'une balustrade, donnant sur le front de mer. Le bâtiment, plutôt impressionnant, date du début du XVIIe siècle. Il est aujourd'hui le siège de la Présidence du Gouvernement de la Communauté autonome. Dans le jardin subsiste l'ancienne porte des quais.

ÉGLISE DEL SOCORRO

Calle del Socorro, 22
Elle a été construite au XVe siècle. Son clocher est attribué à Francisco de Herrera. La coupole est de style plateresque.

ÉGLISE DE MONTESION

c/ Montision, 22
✆ +34 971 711 300
Elle est située dans la rue du même nom. Un bel exemple de style baroque. Le portique date de 1683. Le retable du XVe siècle est dû à l'école majorquine.

ÉGLISE DE SANTA EULALIA

Plaça Santa Eulàlia, 2
✆ +34 971 714 625
Située sur la place du même nom, près de la plaça del Cort, c'est la plus ancienne de Palma après la cathédrale (XIIIe et XIVe siècles). Sa façade principale, comme la tour du clocher, sont de style néogothique. Ils ont été remodelés après le tremblement de terre qui secoua Majorque en 1851. Les murs latéraux de l'époque gothique ont été préservés. L'intérieur recèle un magnifique retable gothique, niché dans la première chapelle, sur la droite. Le grand autel exhibe un style churrigueresque (baroque espagnol). Un bel ensemble restauré au début du XIXe siècle.

ÉGLISE DE SANT FRANCESC

Plaça San Francisco, 7
✆ +34 971 712 695
L'église gothique de ce remarquable ensemble architectural, le couvent Saint-François, a été érigée au XIVe siècle. Elle contient une seule grande nef, assez impressionnante. Derrière le maître-autel se trouve le sépulcre de Ramón Llull, béatifié en 1988. La façade principale est du XVIIe siècle. Le portique est une œuvre de Francisco de Herrera. Quant au cloître, auquel on accède à partir de l'église, il offre un bel exemple d'architecture gothique. Quatre galeries s'ordonnent harmonieusement autour d'un patio central et de son puits.

LES ÉGLISES PAROISSIALES

De Santa Cruz (gothique), San Nicolas (XIVe-XVe siècles), San Jaume, San Miguel et Sainte-Marguerite, ainsi que le couvent Santa Margarita Tomás (XVIe siècle) et l'hôpital de San Pedro y San Bernardo, remarquable pour son patio.

ES BALUARD

Plaça Porta Santa Catalina, 10
✆ +34 971 908 200
www.esbaluard.org
museu@esbaluard.org
C'est le musée d'Art moderne et contemporain de Palma. Situé dans un lieu privilégié, l'ancienne muraille datant de la Renaissance de Palma,

vous pourrez admirer entre autres des œuvres de Picasso, Picabia, Magritte, Miró, André Masson, Maria Blanchard, Antoni Tàpies… La collection du musée se compose de plus de 780 œuvres, de la fin du XIXe siècle à nos jours. A faire si vous aimez l'art. Le musée présente également des expositions temporaires intéressantes. N'hésitez pas à consulter le programme sur le site Internet du musée.

ESTILO SANT FELIU

Costa de Santa Creu, 3
✆ +34 971 425 626
Une très belle boutique d'objets en céramique, frais et colorés, où les techniques artisanales se conjuguent avec un design moderne, dans l'air du temps. Superbes services de table, récipients de toutes les tailles, coussins en tissus Ikat (une technique de teinture), sets de table et autres objets de décoration. La plupart des produits, réalisés par des artisans, sont fabriqués à partir de matériaux locaux comme la céramique ou encore le bois d'olivier dans un style très majorquin. Deux boutiques à Palma et une à Port de Sóller.

FUNDACIÓN BARCELÓ

Carrer Sant Jaume, 4
✆ +34 971 722 467
www.fundacionbarcelo.org
fundacion@barcelo.com
La Fundación Barceló occupe une belle demeure majorquine de la fin du XIXe siècle. Elle a été créée par la famille Barceló Oliver en 1989 et son activité est orientée vers l'éducation, la formation et la recherche de l'art, d'un point de vue didactique. Elle abrite notamment une collection de peintures majorquines du XIXe siècle et de la première moitié du XXe siècle. Elle n'est en revanche accessible au public que lorsqu'il y a des expositions dans la salle dédiée aux expositions temporaires de la fondation (programme dispo en ligne).

VISITE

© QUERBEET – ISTOCKPHOTO

Palma de Majorque.

FUNDACIÓN BARTOLOMÉ MARCH SERVERA

C/ de Palau Reial, 18
✆ +34 971 711 122
www.fundacionbmarch.es
secretaria@fundacionbmarch.es

La collection March est d'abord un incroyable palais moderne (réalisé de 1939 à 1945), le plus grand et le plus fastueux des Baléares. Précisons que Juan March était l'homme le plus riche d'Espagne, sinon d'Europe. Un des fils du milliardaire, Bartholomé, était un collectionneur d'art sans égal. La liste des merveilles est longue : citons la crèche napolitaine du XVIIIe siècle, le salon de musique de J. M. Sert ou encore le plafond en bois polychrome de la première salle.

FUNDACION PILAR I JOAN MIRO ★★

Carrer De Saridakis, 29
✆ +34 971 701 420
miro.palmademallorca.es

La fondation Pilar et Joan Miró possède une collection permanente composée d'œuvres de Miró, léguées par le couple. Elle présente en amont des expositions temporaires mettant en exergue la création contemporaine. De l'extérieur, vous pouvez admirer l'atelier de l'artiste imaginé par son ami architecte Josep Lluís Sert en 1956. Miró y travailla pendant près de 30 ans et y créa plus de mille de ses œuvres. A cela s'ajoutent deux autres édifices, Son Boter (XVIIIe siècle) et Moneo (1992).

GORDIOLA

Route de Palma à Manacor, Km. 16
ALGAIDA
✆ +34 971 665 046
www.gordiola.com
admon@gordiola.com
A 25 km de Palma.

Depuis 1719, la famille Gordiola cultive la tradition du travail du verre et expose son savoir-faire aux visiteurs. Vous y trouverez un grand nombre de pièces en verre soufflé. Une bonne occasion également de rentrer dans les terres et de visiter la ville d'Algaida.

Fondation Pilar et Joan Miró.

MERCADO GASTRONÓMICO SAN JUAN

C/ de l'Emperadriu Eugènia, 6
✆ +34 971 78 10 04
www.mercadosanjuanpalma.es
Au cœur d'un édifice moderniste, dans le centre culturel et commercial S'Escorxador, ce marché gastronomique ravira les gourmets et fines bouches. On vient aussi bien se fournir en denrées alimentaires locales de qualité que pour manger un morceau sur le pouce, tout en profitant des animations qui s'y tiennent fréquemment : concerts de musique et DJs viennent à l'occasion égayer l'ambiance. Consultez le site internet pour être au parfum des prochains événements.

MERCAT DE L'OLIVAR

Plaça de l´Olivar, 4
✆ + 34 971 720 314
www.mercatolivar.com
comunicacion@mercatolivar.com
Le plus grand marché de Palma avec plus de 50 ans d'histoire, il se situe dans une halle couverte, en plein centre-ville. Au fil des étals, fruits et légumes aux mille couleurs, viandes, poissons, fromages et charcuteries typiques, fruits secs et fruits séchés, olives vendues au poids... C'est aussi une excellente option pour manger sur le pouce, tapas traditionnelles, *pinxos* (mini tranches de pain agrémentées de multiples ingrédients), poissons frits, jambon cru (à accompagner d'un bon verre de vin au bar !). Une tranche de vie locale.

MERCAT PERE GARAU

Plaça Pere Garau
✆ +34 971 244 674
mercatperegarau.es
A l'est de la ville, faites un crochet par ce marché municipal très vivant qui se tient depuis 1943. Les mardis, jeudis et samedis, les fermiers locaux y exposent leurs produits en plein air, ainsi que quelques-uns de leurs animaux. Avec un grand nombre de stands, répartis sur plus de 1 000 m², le marché de Pere Garau compte parmi les plus grands marchés de Palma. Vous pourrez y casser la graine (des tapas, surtout). Outre les denrées alimentaires, on y vend entre autres du tissu au mètre avec des teintures typiques des Baléares.

MUSEO DE ARTE SACRO DE MALLORCA ★

Carrer Mirador, 5 ✆ +34 971 723 860
Derrière la cathédrale, dans le palais épiscopal. Ne manquez pas de jeter un œil aux collections de ce musée, jadis connu comme le musée diocésain, renfermant une collection d'art sacré. Peintures, sculptures, céramiques et autres objets des XIVe et XVIe siècles, principalement. Egalement des objets de style gothique et mudejar. A signaler, le retable de San Jorge, peint au XVe siècle et présentant, en arrière-plan, la ville de Palma à l'époque médiévale.

MUSEU DE MALLORCA ★

Carrer de la Portella, 5
✆ +34 971 177 838
www.caib.es – comunicacio@caib.es
Niché dans un palais gothique, la Casa de la Gran Cristiana, le musée de Majorque se distribue sur trois étages (pas tous accessibles lors de notre dernière visite, car le musée était en travaux). De la préhistoire au XXe siècle, toute l'histoire de Majorque est retracée au sein de ces collections remarquables : les empreintes romaines, maures, catalanes et toutes les autres deviennent très palpables et concrètes après avoir parcouru ce lieu. Statuettes en bronze, statues romaines, peintures religieuses et vases décoratifs... Une collection riche et vairée.

MUSEU FUNDACIÓN JUAN MARCH

Carre Sant Miquel, 11
✆ +34 971 713 515
www.march.es
museupalma@march.es
A deux minutes à pied de la Plaça Major. Ce très riche musée d'art moderne expose la belle collection de Juan March composée de toiles de grands artistes espagnols comme Dalí, Picasso, Miró et aussi d'artistes moins connus, comme Antonio López ou encore Chilida. Les collections sont présentées dans une élégante maison seigneuriale du début du siècle dernier et se composent, en grande majorité, de sculptures et de peintures reflétant les tendances de l'art espagnol du XXe siècle.

PALAU DE LA ALMUDAINA

C/ Palau Reial ✆ +34 971 214 134
infopalma@patrimonionacional.es
Mitoyen de la cathédrale, cet ancien alcázar musulman a abrité les rois maures, puis les Rois catholiques de Majorque, d'Aragon et d'Espagne. En levant les yeux au ciel, vous remarquerez qu'une statue couronne l'édifice : il s'agit de l'archange Gabriel. Le palais de plan rectangulaire, rattaché au gothique levantin, comporte deux ailes : le Palais du Roi (dans la tour rectangulaire) et le Palais de la Reine, à l'ouest. Une belle collection de peinture, meubles liturgiques et tapisseries d'époque décore son intérieur, où le style mudéjar prédomine. Immanquable.

PALAIS ÉPISCOPAL

Il abrite le Musée diocésain dans une partie du bâtiment dont la fondation remonte au XIIIe siècle. La façade principale a été construite au XVIIe siècle.

PALMA AQUARIUM

C/ Manuela de los Herreros i Sorà, 21
✆ +34 902 702 902
palmaaquarium.com
info@palmaaquarium.com
Le grand aquarium de Palma, fondé en 2007, recrée fidèlement les habitats et les écosystèmes des océans et des

Palau Reial de l'Almudaina.

Façade du Can Corbella à Palma de Majorque.

mers du globe. Idéalement, à seulement 500 mètres de la mer, ses 55 aquariums et ses 5 millions de litres d'eau salée contiennent plus de 8 000 exemplaires de 700 espèces. Prévoyez donc 2 à 3 heures dans votre planning pour le visiter ! A ne pas manquer, l'AquaDome qui propose une expérience immersive à 360 °C pour découvrir les plus grands mammifères de la planète (activité recommandée pour les enfants de plus de 3 ans).

PASSEIG DEL BORN ★

Passeig del Born

L'un des axes majeurs de Palma, bordé de platanes et de belles demeures anciennes. Il a été imaginé par l'architecte Isidro González Velázquez au début du XIXe siècle. Jusqu'au début du XVIIe siècle, un torrent passait sur cet axe et descendait jusqu'à la mer. Il a été dévié à cause de nombreuses inondations. Ensuite des tournois de joute y ont été organisés et lui ont donné son nom le Borne. C'est aujourd'hui une promenade animée, jalonnée de boutiques. Sur le *passeig*, la Casal Solleric, palais majorquin du XVIIIe siècle et salle d'exposition, mérite la visite.

POBLE ESPANYOL

Carrer Poble Espanyol, s/n
✆ +34 971 737 070
www.puebloespanolmallorca.com
eventos@nuevopuebloespanol.com
A 2 km du centre. Accessible avec le bus touristique (N° 50).

Conçu dans l'esprit du Poble Espanyol de Barcelone (mais 30 ans plus tard et moins conséquent), ce village reproduit les monuments les plus représentatifs de l'ensemble des régions d'Espagne. Certains des bâtiments abritent des ateliers d'artisanat, des commerces, des magasins de souvenirs, des bars et des restaurants. Ourlé d'une grande muraille médiévale, le village présente 72 bâtiments, rues et places emblématiques du patrimoine espagnol, dont le Patio des Arrayanes, du palais de l'Alhambra, ou le quartier andalou et ses maisons blanchies à la chaux.

PURO SPA

C/ de Montenegro, 12
✆ +34 971 425 450
www.purohotel.com
info@purohotel.com
Pour une pause chic et détente, direction le spa de l'hôtel Puro qui propose des soins réconfortants dans un cadre chic, élégant et exclusif. Les messieurs sont également les bienvenus pour un soin du visage ou un massage. Produits naturels et huiles bio. Au programme : soins corporels, soins du visage, traitements et massages, dont un circuit complet « skintox » de 4h pour une détente maximale. Bon à savoir : l'établissement dispense également des cours de yoga et des séances de méditation dans le cadre exclusif de l'hôtel Puro.

RAMBLA

Passeig de la Rambla
Bien qu'il soit beaucoup plus petit que son homonyme de Barcelone, de nombreux fleuristes y exposent leurs bouquets.

RIALTO LIVING

C/ Sant Feliu, 3
✆ +34 971 713 331
www.rialtoliving.com
info@rialtoliving.com
Depuis son ouverture dans l'ancien espace du théâtre Rialto de Palma, cette immense boutique propose des articles de décoration et de mode. Les propriétaires de la boutique, un couple suédois installé à Majorque, ramènent de leurs voyages à travers le monde des meubles, des tissus, des vêtements, des livres… qu'ils exposent dans cette superbe boutique. L'étage supérieur accueille des expositions temporaires de jeunes artistes. Egalement un coin café pour prendre un petit déjeuner, un sandwich ou boire un verre. Un très bel endroit pour faire quelques achats.

SA LLOTJA ★★

Plaça de la Llotja
✆ +34 971 711 705
Situé sur le paseo de Sagrera, non loin de la cathédrale.

Sa Llotja.

© HERVÉ BERNARD – ICONOTEC

S'Arenal hôtels en bord de mer.

Un exemple somptueux du gothique civil majorquin, témoin du riche passé commercial de la ville. L'édifice, construit entre 1426 et 1447 par Guillem Sagrera, constituait la place boursière et le siège du Collège des marchands. Son architecture rectangulaire, flanquée de quatre tours octogonales, se divise en trois nefs séparées par des colonnes torsadées sans chapiteaux. Huit fenêtres de large dimension apportent de la lumière à sa splendide salle voûtée qui présente désormais des expositions temporaires de tous styles et tendances.

S'HORT DEL REI

Av. d'Antoni Maura, 18

Situé à l'extérieur de la muraille, ce jardin d'origine médiévale s'est développé au pied du palais l'Almudaina. Dans les années 60, le remodelage de l'espace en jardin urbain fut confié à l'architecte majorquin Gabriel Alomarla qui maria des éléments traditionnels du jardin majorquin à des éléments d'inspiration andalouse, comme les diverses fontaines. Le jardin est en outre décoré de sculptures de Miró, de Subirachs et de Calder et une arche de style mauresque y a été restaurée. Le « jardin du roi » se prolonge sur le parc de la Mar.

TEATRO PRINCIPAL

Carrer de la Riera, 2

✆ +34 971 219 700

www.teatreprincipal.com

info@teatreprincipal.com

La plus prestigieuse salle de théâtre de Majorque. Une pure merveille, installée dans un bâtiment du XIXe siècle. Inauguré en 1667, le lieu exista d'abord sous le nom de « Casa de las Comedias ». Le théâtre actuel a été conçu par l'architecte majorquin Antoni Sureda i Villalonga et décoré par le scénographe français Félix Cagé (qui travailla aussi au Gran Teatre del Liceu, à Barcelona). Au fil d'une programmation aussi riche que variée, le théâtre municipal accueille des productions d'opéra, de théâtre, de cirque, de danse ou de musique.

Illetes ★

Une station balnéaire proche de Palma (10 km) qui s'organise autour d'une belle plage – Platja d'Illetes – très urbanisée. Plus chic que Magaluf, Illetes abrite plusieurs adresses branchées.

OFFICE DE TOURISME ILLETES

Paseo Illetes, 4
✆ +34 971 402 739
www.visitcalvia.com
omtmagaluf@calvia.com

Portals Nous

Juste après Illetes, à environ 12 km de Palma, Portals Nous est une station balnéaire connue pour son immense port de plaisance.

JUNGLE PARC JUNIOR

Bendinat
C/ Arquitecte Francesc Casas, 16
✆ +34 630 948 295
www.jungleparcjunior.es
mallorca@jungleparc.es
Bendinat se situe entre Illetes et Portals Nous. En voiture, une fois à Bendinat, suivre les panneaux Jungle Parc. En bus prendre les lignes 104 ou 107 qui relient Palma à Bendinat, arrêt à Bendinat Villas.
Jungle Parc dispose d'une première entité située à Santa Ponsa (un peu plus au nord de Port Adriano). Ce nouveau parc conçu pour les juniors permet aux enfants de passer un moment de « panique labyrinthique » encadré, dans des conditions optimales de sécurité. Une cinquantaine de plates-formes, 6 niveaux différents de difficulté, situés entre 1 et 6 mètres de hauteur pour une combinaison parfaite entre les sensations de hauteur, la diversité des parcours, l'apprentissage sur soi et le respect des règles. Les niveaux sont présentés par un code couleur, du vert facile, en passant par le bleu moyen, rouge difficile pour les initiés, jusqu'au noir pour les pros de la branche ! On ne s'ennuie pas tant les difficultés sont originales et diversifiées, il y a même un bateau pirate !

MARINELAND

Costa d'en Blanes
C/ Garcilaso de la Vega, 9
✆ +34 971 675 125
www.marineland.es/mallorca
Situé à la sortie de Portals Nous en allant vers Palmanova.
Divertissements familiaux. Spectacles où dauphins, phoques et otaries jouent les vedettes.

Palmanova

Palmanova se partage avec Magaluf une clientèle jeune, bruyante et noctambule, essentiellement anglo-saxonne. Les hôtels y sont un peu moins chers qu'ailleurs et les boîtes de nuit abondantes. Très touristique et trop envahi par les constructions, ce coin de l'île conserve cependant de belles plages et criques, évidemment très fréquentées en été...

CALA CAP FALCÓ

En partant de Palmanova, à 5 minutes en voiture.
La cala Cap Falcó est une toute petite plage aux eaux turquoise bordée par un agréable restaurant de plage qui s'y est récemment installé, le Cap Falcó Beach et sa paillote qui se fond dans le décor. Vous y accédez par des escaliers : comptez une cinquantaine de marches et vous voilà les pieds dans l'eau ! Si vous souhaitez vous éloigner des grandes

stations balnéaires, c'est une option à envisager, bien qu'il soit tout de même préférable d'y arriver tôt en saison pour réserver l'un des transats disposés sur la plage. En un mot : relax.

GOLF FANTASIA

C/ Tenis, 3
Palmanova
✆ +34 971 135 040
www.golffantasia.com
info@golffantasia.com

Trois parcours de golf au milieu d'une végétation tropicale, entre cascades, chutes, grottes et passerelles. Un lieu qui plaira à coup sûr aux enfants, sans être exceptionnel ou immanquable. Le prix d'entrée est d'ailleurs assez élevé, malgré le cadre au demeurant très plaisant. Le parc dispose d'un snack-bar, d'une cafétéria et d'une aire de jeux. A tester également, le Katmandu Park à Magaluf, petit frère du Golf Fantasia qui propose une dizaine d'attractions, du minigolf à l'expérience 4D. Il fait partie de la même compagnie.

OFFICE DE TOURISME PALMANOVA

Passeig de la Mar, 13
✆ +34 971 682 365
www.visitcalvia.com

Magaluf

Dans cette grosse station balnéaire, les hôtels se bousculent les uns les autres et les prix attirent une clientèle jeune. Mais la plupart ont une prestation de qualité, bien qu'il s'agisse d'établissements sans charme, tenus par de grands groupes hôteliers. Très touristique, Magaluf est très animée en soirée en raison de ses nombreuses boîtes de nuit, même si ces dernières années, ils essayent de donner un autre souffle à cette station surtout réputée pour ses soirées bien arrosées et ses jeunes noctambules.

OFFICE DE TOURISME

Av. Pere Vaquer Ramis, 1
✆ +34 971 131 126
www.visitcalvia.com
omtmagaluf@calvia.com

Magaluf, une station balnéaire branchée.

CALA DE PORTALS VELLS

En sortant de Magaluf en direction du golf de Poniente, une petite route tout à fait praticable, même si elle n'est plus en très bon état, vous mènera à la Cala de Portals Vells.

C'est une petite plage nichée au fond d'une adorable crique bordée de pins et de rochers. Visitée régulièrement par les bateaux d'excursion, elle reste peu fréquentée en dehors des mois de juillet et d'août, vous y passerez quelques heures relativement paisibles loin du bruit et de l'affluence des grandes plages de l'île. Aux extrémités, des plateformes naturelles sur lesquelles vous goûterez aux délices d'un moment dominé par le seul bruit de la mer. Jetez un œil à la grotte aux parois sculptées située tout près de la plage : il s'agit d'une ancienne carrière.

HOUSE OF KATMANDU

Av/ Pedro Vaquer Ramis, 9
✆ +34 971 134 660
www.katmandupark.com
info@katmandupark.com

Une villa tibétaine transportée jusqu'à Majorque et installée à l'envers en raison d'une « explosion » ... Voici le cadre séduisant de ce parc d'attractions local pour toute la famille, implanté dans le centre de Magaluf. House of Katmandu raconte l'histoire du personnage fictif de Kilgore Goode, un explorateur à la recherche du joyau de l'Himalaya. Petits et grands sont invités à découvrir les secrets de la maison et des légendes fascinantes. Les enfants adoreront ! C'est assez cher par contre, mais l'expérience s'avère amusante.

PIRATES ADVENTURE MAJORCA

Cami de sa Porrassa
✆ +34 971 130 411
www.piratesadventure.com

Ce dîner-spectacle offre une performance acrobatique sur le thème de la piraterie. Un show façon Cirque du Soleil, à moindre échelle, qui s'accompagne d'un repas correct, mais sans plus, avec boisson à volonté. Le jeu des acteurs est volontairement exagéré (pour les enfants ?). Les dialogues sont en anglais, mais ils sont assez peu nombreux, on peut donc tout à fait profiter du spectacle sans comprendre tous les échanges. A faire si on aime ce genre d'endroit un brin kitsch.

T-GOLF & COUNTRY CLUB

Route de Cala Figuera
✆ +34 971 130 148
t-golf-poniente.com
reservations@t-golf.club
A 1 km de Magaluf.

De vertes pelouses à perte de vue cernées de collines verdoyantes plantent le décor de ce splendide golf ouvert depuis 1978. Il a été entièrement rénové à deux reprises pour ne rien perdre de sa superbe. Entretien méticuleux. Côté jeu, chaque trou est différent, ce qui rend le parcours réjouissant pour les amateurs. En revanche, pour les joueurs de haut niveau, ce n'est pas le parcours offrant le plus de challenge sur l'île. Son clubhouse s'est installé dans une ferme typiquement majorquine du XIXe siècle. Restaurant très bien.

Port Adriano

Port Adriano, stratégiquement situé au sud de Majorque, est une superbe base pour les yachts et autres bateaux de plaisance. Au beau milieu d'une zone idéale pour la navigation et la pratique de sports nautiques, il est devenu l'un des principaux ports de loisir et luxe de la Méditerranée. En collaboration avec l'équipe du port, Philippe Starck a entièrement remodelé le lieu à l'image de ses créations : somptueux, éthique et pragmatique. La marina comprend une zone commerciale où l'on retrouve des boutiques de luxe et une sélection des meilleurs restaurants de Majorque. Une multitude d'activités y sont organisées, notamment des excursions nocturnes de plongée sous-marine dans le parc national de Cabrera et bien d'autres encore... En bref : pour les curieux et les amateurs de design, une visite à ne pas manquer.

Pour plus d'infos, consultez le site internet de la marina : www.portadriano.com

Santa Ponsa

Ville et station balnéaire toute proche de la grande Magaluf. Contrairement à sa voisine, le tourisme y est plus familial. Le lieu est surtout fréquenté par des Irlandais, Ecossais, Hollandais et Italiens, mais tout le monde y trouve sa place. Attendez-vous à y trouver aussi, comme pour la plupart des stations balnéaires de cette zone, de grands hôtels et immeubles.

GOLF SANTA PONSA
Avenida del Golf s/n
✆ +34 971 690 211
www.golf-santaponsa.com
golf1@golf-santaponsa.com
Les plus grands joueurs et les têtes couronnées d'Europe se plaisent à Santa Ponsa. Ses arbres centenaires et ses fairways bosselés en font un golf au cadre privilégié, veillé par les collines verdoyantes, et fleuri par le rose des bougainvilliers. Le golf a été imaginé par Folco Nardi à la fin des années 70. Ambiance relaxée sur un parcours agréable offrant quelques défis intéressants pour les joueurs les moins expérimentés. Vous profiterez sur place d'un restaurant et de tous les services nécessaires pour passer la journée sur place. On y parle français.

JUNGLE PARC
Av/ Jaume I, 40A
✆ +34 630 948 295
www.jungleparc.es/fr
mallorca@jungleparc.es
Céline et Denis ont ouvert en 2006 le premier parcours accrobranche d'Espagne, ici, au sud de Majorque. Les parcours sont sécurisés, le personnel qualifié. 120 ateliers sont proposés (entre 1 et 10 m de hauteur). Le parcours Explorateur est réservé aux plus de 12 ans, en dessous de cet âge il faut mesurer au moins 1,35 m et être accompagné d'un adulte. Pour le parcours Extrême destiné aux plus sportifs, avoir minimum 12 ans et mesurer 1,50 m. Les bambins de 4 à 11 ans, enfin, peuvent s'éclater sur le parcours Piratas (7 niveaux de difficulté).

Cala Fornells

Sur une petite route en sens unique, après avoir traversé des quartiers résidentiels, la mer se dévoile. Quelques virages plus loin, une minuscule crique, puis une petite plage. Les eaux sont cristallines, quelques gros rochers calcaires jaillissent de la mer, et la possibilité de vous installer à l'ombre des pins s'offre à vous. Bien que petite, la plage n'est pas envahie de monde. Peu d'hôtels, encore moins de restaurants, mais voici quelques adresses les pieds dans l'eau pour ceux que ça intéresse.

Cala Fornells, Majorque.

Camp de Mar

Autrefois appelé Biniorla, ce n'est qu'au début de l'urbanisation que Camp De Mar, niché à l'ouest de la baie de Palma, a été rebaptisé. La petite station balnéaire aujourd'hui urbanisée est dotée d'une plage de sable fin à l'eau transparente et d'un petit îlot sur lequel s'est installé un singulier bar-restaurant relié à la plage par une passerelle en bois. Tout autour, s'élèvent des pinèdes et des montagnes mais aussi des villas et quelques hôtels qui alimentent la plage de son lot de touristes. Ce site agréable pour passer la journée est ainsi très prisé en haute saison.

GOLF DE ANDRATX
Carrer Cromlec 1
✆ +34 971 236 280
www.golfdeandratx.com
booking@golfdeandratx.com
Situé dans un des principaux centres touristiques de l'île de Majorque, ce golf est entièrement entouré par les arbres et le maquis. Un cadre naturel superbe apprécié par les amateurs. Le parcours convient aux joueurs d'un niveau moyen, les principales difficultés étant constituées par les pièces d'eau et les nombreux bunkers. Vous pourrez vous entraîner dans le « driving range ». Un bar à tapas (Halfway House) et un restaurant italien (le Campino) revigorent les golfeurs. Boutique bien fournie en vêtements et équipements. Très bon golf.

Calvià ★

Calvià est une municipalité d'un peu plus de 50 000 habitants, limitrophe avec Palma de Mallorca. C'est la ville touristique par excellence aux Baléares. Santa Ponsa, Illetes, Magaluf, Palmanova, Peguera, Portals Nous appartiennent à cette commune qui s'est rapidement agrandie pendant le boom touristique des années 1960.

Andratx ★

À l'ouest de Palma, Andratx est une charmante localité aux vieilles demeures de pierre, ramassée au pied et sur les premières pentes de la colline où trône son imposante église paroissiale, sur fond de relief escarpé, et sur lesquelles sont accrochés quelques vestiges de ses anciennes fortifications. En retrait de la côte, là où les incursions des pirates turcs ont poussé la population à venir se réfugier autrefois, Andratx reste à l'écart des grands itinéraires touristiques de l'île, l'absence d'une infrastructure touristique y étant certainement pour quelque chose. Les audacieux y trouveront un traditionnel centre historique composé d'étroites ruelles escarpées, bordées de jolies maisons rustiques. Bourgade aux allures de village endormi, Andratx est le point de départ de nombreux itinéraires de randonnées pédestres qui sillonnent la montagne environnante, menant aux différentes localités qui composent la commune d'Andratx, tel l'historique Sant Elm. Il y a peu d'hôtels à Andratx. Vous aurez beaucoup plus de choix à Port Andratx, quelques kilomètres plus loin.

OFFICE DE TOURISME
Avenida de la Cúria
✆ +34 971 628 019
www.andratx.cat
info-andratx@andratx.cat

CENTRE CULTUREL D'ANDRATX (CCA) ★

C/ Estanyera, 2
✆ +34 971 137 770
www.ccandratx.com
info@ccandratx.com
Le plus grand centre d'art contemporain de l'île, et l'un des plus grands d'Europe. Fondé en 2001 par une famille danoise, le CCA bénéficie d'une surface de 4 000 m². Il est constitué d'une salle d'expositions temporaires, d'une galerie d'art, d'un agréable café et de studios pour les artistes résidents. Depuis son ouverture, plus de 500 artistes contemporains issus de Majorque et de toute l'Europe y ont exposé. Une visite à ne surtout pas manquer si vous vous intéressez à l'art.

ÉGLISE DE SANTA MARIA

Carrer General Bernat Riera
A son approche depuis la vallée et la route de Port Andratx, cette église fondée en 1248 a des allures de citadelle, de forteresse inexpugnable, tant ses murs sont élevés et dépourvus d'ouvertures, exception faite des lucarnes carrées au sommet des murs latéraux. Une façade sobre, dénuée de décoration, sans sculpture particulière. Un œil-de-bœuf surmonte un portail à arc ogival.
Du minuscule parvis devant la porte, vous avez une excellente vue sur deux tours des anciennes fortifications qui protégeaient Andratx des pillages des pirates.

ROUTE DES MIRADORS

Les amateurs de sensations fortes et de beaux paysages pourront emprunter la route N710. C'est la route des miradors (belvédères parfois surmontés d'anciennes tours fortifiées). Elle longe la côte qui se découvre à partir du Coll de Sa Gran (343 m) auquel vous accédez très vite après la sortie d'Andratx.
Ce beau trajet offre de multiples occasions de haltes (toutes bien indiquées) dans les miradors, dont ceux de Ricardo Roca et Ses Animas sont les plus fréquentés. La route traverse de paisibles villages extraordinairement calmes et pittoresques.

WINE HOUSE MALLORCA

Carrer Antonio Mulet, 17
✆ +34 665 18 12 03
winehousemallorca.com
info@winehousemallorca.com
Cette « maison du vin » tenue par Laurent, passionné d'œnologie et professionnel aguerri (il a travaillé en Allemagne, en France et à Ibiza avant de poser ses valises à Majorque) ravira les amateurs. Les étagères de sa jolie boutique regorgent de vins français, majorquins, sud-africains ou encore italiens, dont une superbe sélection de grands crus bordelais (Laurent est originaire de Bordeaux, région viticole par excellence !). Des expériences « dégustation » sont aussi proposées. Laissez-vous guider par le maître des lieux !

Port Andratx

Port Andratx occupe un site privilégié au fond d'une baie naturellement bien abritée dont l'entrée est barrée par une puissante digue. De naissance relativement récente, Port Andratx est une extension de la commune d'Andratx, situé à quelques kilomètres seulement du village.

Port Andratx.

Envahi par les nouvelles constructions qui ont aujourd'hui gagné les collines boisées dominant la baie, Port Andratx garde un certain charme malgré le béton, surtout dans sa partie située après le port de plaisance. D'Andratx, la route aboutit directement sur la baie qui partage la localité en deux. A gauche, s'étend le vieux port Andratx et son port de pêche.

OFFICE DE TOURISME

Avenida Mateo Bosch (Edifici de la Llotja)
✆ +34 971 671 300
www.andratx.net
sac@andratx.cat

À voir - À faire

On peut commencer la découverte de Port Andratx par la promenade récemment aménagée au fond de la baie, là où les bus reliant Andratx à Port Andratx déposent leurs chargements de touristes. Elle mène au port de plaisance, lui aussi flambant neuf. A côté, se trouve une très agréable terrasse ombragée, celle de l'école de voile de Port Andratx avec une vue imprenable sur les bateaux. On peut s'y rafraîchir ou continuer la promenade en rejoignant l'avinguda Gabriel Rocca par l'école de voile. En arrivant au bout du port de plaisance, on a une vision de ce que devait être Port Andratx quelques décennies en arrière : un ponton de pierre s'avançant dans la mer, bordé de charmantes maisonnettes, elles aussi en pierre du pays, dont les façades sont égayées de chaudes couleurs (Cami Vell des Far). En s'éloignant du port, l'avenue serpente à travers pins et belles demeures. Au niveau de l'avinguda s'Almudaina, une petite sente sur la gauche mène tout droit à la mer. Au bout, un escalier conduit jusqu'à l'eau et à un petit cordon sableux des plus paisibles. Plus loin, l'avenue Gabriel Rocca se divise en deux branches. Celle de gauche est une impasse, qui s'enfonce au milieu d'un quartier tranquille peuplé de pins et de belles maisons. A droite, elle conduit à la Cala Moragues. L'impasse mène à un escalier. En prenant sur la droite, on tombe sur la carrer Sa Traversa. Elle fait ici office de belvédère, offrant aux

Bateaux à Port Andratx.

visiteurs une magnifique vue sur l'entrée de la baie de Port Andratx, sur la petite plage nichée au pied de la falaise, et malheureusement sur un énorme bloc de béton. On peut choisir de descendre la carrer Sa Traversa, sinueuse à cet endroit. Sur la droite de la voie, à une dizaine de mètres avant la villa Marenera, un petit passage (escaliers) permet de rallier le cordon sableux. La carrer Sa Traversa mène au front de mer et à la digue qui ferme la baie. La rue change de nom pour devenir la carrer Cormari, qui ramène sur l'avenida Gabriel Rocca. En la suivant, on rejoint l'autre partie de Port Andratx, avec son port de pêche, bordée par les carrers Mateo Bosch et Almirante Riera Alemany et leurs lots de restaurants et de commerces. Elles débouchent sur la digue derrière laquelle s'abritent quelques voiliers. Sur la carrer Mateo Bosch, on rencontre un renfoncement par lequel on accède à la carrer F. Gonzalez qui rejoint un moment une charmante petite place, la plaza Almirante Quedo. Calme en journée, elle s'anime le soir avec les conversations et les commandes émanant des terrasses de ses restaurants. En continuant la carrer F. Gonzalez, on parvient à la place de l'église à la sobre façade agrémentée d'un portail encadré par deux pins et surmonté d'un oeil-de-boeuf.

DIVING DRAGONERA

Deep Water Aquatics SL
23 Almirante Riera Alemany
✆ +34 971 674 376
www.aqua-mallorca-diving.com/en
info@divingdragonera.de
Les plongées sont concentrées dans les environs de Port Andratx et en particulier à la Dragonera, parc national dans lequel la richesse de la faune est exceptionnelle. Les locaux possèdent une zone humide avec douches chaudes et bacs de rinçage ainsi qu'une zone sèche pour la détente avant, après ou entre les immersions. Une ambiance très sympathique et polyglotte. Vous trouverez tous les types de formations PADI, du Open Water Diver jusqu'à l'Open Water Scuba Instructor et le centre disposant de scooters, vous pourrez même apprendre à utiliser ces engins.

EL BUCEO

Avinguda de Gabriel Roca i Garcías, 42
✆ +34 971 674217
www.elbuceo.de
tauchbasis@elbuceo.de
Cette école de plongée propose des cours d'initiation et de spécialisation sur Majorque. Vous pourrez plonger dans quelques-uns des plus beaux sites de la région.

Sant Elm ★

Village le plus à l'ouest de Majorque, Sant Elm est un petit port à 8 km d'Andratx, installé en face des îles Es Pantaleu et surtout Sa Dragonera, la plus grande, au relief particulièrement accidenté. D'origine médiévale, le village attire l'attention du roi Jacques II qui, en 1279, y ordonne la construction de l'église et d'un hôpital. Durant la première moitié du XIVe siècle, les attaques des pirates musulmans ont raison de l'hôpital et de l'obstination des habitants qui, après chaque incursion, reviennent vivre à Sant Elm. Le village est alors déserté de sa population, puis réoccupé. Au Moyen Âge, une antique voie pavée reliait Sant Elm à Palma. Elle existe toujours en de rares endroits. Sant Elm est le point de départ obligé vers l'île de Sa Dragonera.

SCUBA ACTIVA
Plaza Monseñor Sebastián Grau, 7
✆ +34 971 239 102
www.scuba-activa.com
info@scuba-activa.com
Propose d'aller explorer les eaux profondes aux alentours de l'île de Sa Dragonera.

Sa Dragonera ★

Longue de 6 km et culminant à 360 m, Sa Dragonera est une île recouverte d'une garrigue méditerranéenne peuplée d'une faune dont les plus célèbres représentants sont le faucon marin et la *sargantana*, un lézard qui, par son aspect, aurait donné son nom à l'île. Elle est temporairement occupée durant la préhistoire, et les archéologues y ont aussi retrouvé des objets romains (amphores) et arabes (céramiques). Vers la fin du Moyen Âge, elle sert de refuge aux pirates sillonnant les mers. En 1851, un premier phare est construit sur le site de Sa Popia. Vous pouvez encore en voir les vestiges. Classée parc naturel, l'île est propice à la randonnée, mais aussi à la plongée.

Les grandes dates de Sa Dragonera

- **1229**. Jacques I part à la conquête de Majorque et utilise Sa Dragonera pour préparer l'attaque.
- **1232**. Le Libro del Repartimiento de Majorque, qui s'occupe de la répartition des terres à la population, accorde la propriété de l'île à l'évêque de Barcelone.
- **1811**. Sa Dragonera devient la propriété de la famille Villalonga.
- **1941**. Joan Flexas de s'Almudaina devient le propriétaire de l'île et en convertit une partie en terre de culture. A cette époque, Sa Dragonera sert régulièrement de refuge à de nombreux trafics de contrebande.
- **1974**. L'entreprise PAMESA achète l'île avec intention de construire des logements d'une capacité de 3 600 personnes, ainsi qu'un port de plaisance pour accueillir jusqu'à 600 embarcations.
- **1984**. Grâce à une intense campagne écologique, la Audencia Nacional décrète l'impossibilité d'urbanisation.
- **1987**. L'île est achetée par le Conseil de Majorque.
- **1995**. Le 26 février, le gouvernement des Baléares déclare l'île de Sa Dragonera ainsi que les îlots Pantaleu et Sa Mitjana parcs naturels.

L'OUEST (TRAMUNTANA)

La côte ouest de Majorque est de loin la plus authentique. La plupart des villages ont résisté à l'assaut touristique des années 1960, même si on y trouve quelques stations balnéaires comme Port Sóller. Mais ce qui différencie cette côte, c'est la Tramuntana, chaîne de montagne qui dissimule des petites criques plus belles les unes que les autres, des paysages rocheux spectaculaires, ainsi que de petits villages au charme enchanteur. Elle est d'ailleurs classée au patrimoine mondial de l'Unesco. Nous sommes bien loin de l'ambiance touristique des alentours de Palma... Attention les yeux !

Estellencs ★

Charmant petit village typique de la Tramuntana. Bien que les rues du village soient vite traversées, une petite halte reste très agréable. Si vous avez du temps devant vous, quelques marches sont indiquées : vous pourrez ainsi vous rendre au Coll des Pi ou à la Cala D'Estellencs (40 minutes de marche à l'aller, comptez 1 heure pour le retour, la montée est rude !). L'accès en voiture est largement praticable, et ne prend que 5 minutes. La plage a été très joliment aménagée pour permettre l'accès à quelques bateaux. Des pontons sont installés pour pouvoir se déplacer plus facilement. Une petite plage de galets, entourée par la falaise et des hangars à bateaux... et d'énormes filets de fer pour prévenir des chutes de pierres. Endroit pittoresque d'un grand calme.

Estellencs, village typique de la Tramuntana.

Banyalbufar ★★

Vous ne devez pas rater ce village doré, entouré de terrasses cultivées. Il possède une église intéressante et une belle maison seigneuriale, devenue un hôtel-restaurant, La Baronia. Le mirador de Ses Animas, avec sa tour de défense, dans un superbe paysage, offre le cadre idéal pour une photo (tant pis, vous ferez comme tout le monde…). La plage est bien petite et bétonnée. Ce qui n'empêche pas cette crique encaissée dans les falaises de posséder une eau magnifique, sauf lorsqu'elle est envahie d'algues...

Esporles ★

Un charmant petit village sur la route de Palma (à 14 km de la capitale), pas désagréable de se poser sur l'une des terrasses (piétonnes) pour prendre un verre. L'unique attraction de la zone réside en la Granja, une très belle bâtisse campagnarde qui reçoit de nombreux visiteurs, vestige du passé féodal de la contrée.

Banyalbufar, un village doré.

LA GRANJA

Carretera d'Esporles, Km 1,5
✆ +34 971 610 032
www.lagranja.net
info@lagranja.net

La Granja, ancienne ferme seigneuriale du XVIIIe siècle, fut le lieu de résidence de moines de l'ordre cistercien pendant deux siècles, puis passa entre les mains de familles nobles de Majorque : Vida, Fortuny, puis Seguí (les actuels propriétaires). La visite, qui se présente sous la forme d'un circuit de 64 étapes à travers les 2 000 m² d'un musée ethnologique, permet de découvrir tous les métiers liés aux activités d'une ferme : une teinturerie, une petite cuisine à confitures, un moulin à huile... et une collection d'instruments de torture !

La maison est immense et respire l'histoire : chaque pièce est un plaisir pour les yeux et un véritable voyage dans le temps. Dans le jardin, fontaines et cascades se font les témoins du passé de ce lieu unique truffé de sources naturelles où l'on trouvait jadis 11 moulins à eau, dont deux sont aujourd'hui encore en activité. On y trouve également une grande variété de fleurs et d'arbres, mais aussi de nombreux oiseaux et animaux de la ferme. A la sortie, ne manquez pas de goûter au vin doux local, aux confitures maison (courge, orange, figue et abricot), aux délicieux *buñuelos* (beignets de pomme de terre), aux galettes à la *sobressada* ou

Sierra de Tramuntana

D'un point de vue géologique, Majorque est constituée en majorité de pierres calcaires. La sierra de la Tramuntana offre de part et d'autre des paysages variés, mais les plus spectaculaires sont ceux qui sont dus à l'érosion karstique. Les pierres calcaires se dissolvent avec l'eau et les précipitations. L'eau devient plus acide en présence de dioxyde de carbone, et crée par conséquent des formes originales, comme le chameau à côté du monastère de Lluc. Il est possible d'apprécier tous ces paysages depuis la route qui mène d'Andratx à Pollensa, en passant par Sóller, mais les plus sportifs y découvriront des chemins de randonnée des plus intéressants.

au saucisson, mais aussi au fameux pain aux figues et amandes assaisonné d'anis et autres herbes locales. Possibilité de faire quelques emplettes à la boutique située au niveau de la cafétéria. Il est également possible de se prélasser dans les hamacs, activité idéale lors des grosses chaleurs. Une visite à ne pas manquer pour les familles !

Valldemossa ★★★

Un des plus beaux villages de Majorque. A 400 m d'altitude, dans un paysage de terrasses de pierre et d'oliviers centenaires dominés par les montagnes, cette bourgade tranquille (2 000 hab.) a toujours été un lieu de vacances estivales pour les familles aisées de Majorque, comme le prouvent de belles et nombreuses *fincas* ou propriétés de maître. Le lieu est entré dans la légende depuis l'installation de Frédéric Chopin et de George Sand (avec ses deux enfants) dans la chartreuse de Valldemossa, au cours de l'hiver 1839. Les chartreux en sont expropriés, en 1835, par des particuliers qui rachètent la chartreuse pour y loger des visiteurs. Afin de visiter le village, le mieux, si vous êtes en voiture, est de la laisser sur l'un des parkings situés à l'entrée du village. Cela fait, vous pourrez en toute tranquillité flâner dans les ruelles et contempler les belles demeures de Valldemossa.

■ CHARTREUSE DE VALLDEMOSSA ★★

Plaça de la Cartoixa s/n
✆ + 34 971 612 106
www.cartujadevalldemossa.com
info@cartujadevalldemossa.com

Cet ancien monastère, à l'origine résidence royale, est habité par des moines chartreux de 1399 à 1835. La chartreuse accueille le pianiste Frédéric Chopin et l'écrivaine George Sand pendant l'hiver 1838-1839. Vous remarquerez d'abord l'église de style néoclassique, puis une très belle pharmacie du XVIIIe siècle, les cellules du prieuré aux splendides céramiques, la bibliothèque et enfin des cellules où ont vécu Frédéric Chopin et George Sand. De nombreux souvenirs y sont exposés.

Nuits méditerranéennes à Valldemossa

Ce n'est un secret pour personne : l'acteur américain Michael Douglas possède une superbe maison à Valldemossa et il est l'un des meilleurs ambassadeurs de la région. En 2000, il a fondé le centre culturel Costa Nord, qui a pour fonction de promouvoir la beauté des paysages et la richesse culturelle de la sierra de Tramuntana. Aujourd'hui, Michael Douglas n'est plus propriétaire du centre culturel, qu'il a vendu au gouvernement des Baléares. Cependant, il reste son plus fidèle ambassadeur, et il n'est pas rare de le croiser en été en compagnie de Catherine Zeta-Jones au festival Nuits méditerranéennes. Il s'agit d'une série de concerts à l'air libre organisés par Costa Nord, à l'initiative de Michael Douglas. Organisés en été, ces concerts offrent un cadre magique pour profiter d'une belle soirée sous les étoiles.

ERMITAGE DE LA TRINIDAD

Quittez la ville via la Ma-10 en direction de Deià et Sóller, puis, 3 km plus loin, au niveau du restaurant Can Costa, empruntez l'étroit chemin asphalté qui monte jusqu'à l'ermitage de la Sainte Trinité. C'est au tout début du XVIIIe siècle que Joan Mir de la Concepió, ancien disciple de Ramon Llull et créateur de la congrégation de Sant Pau et Sant Antoni, fonda cet ermitage, dont l'actuelle chapelle date de 1703. Il est occupé par une petite communauté d'ermites qui consacrent leur vie à la prière et au travail dans les champs. Beau panorama sur la mer !

PLAZA DE LA CARTUJA (CARTOIXA)

Plaza de la Cartuja

Dominée par la célèbre chartreuse qui lui a donné son nom. Vous pourrez venir vous y rafraîchir à l'ombre des platanes aux terrasses des cafés et des restaurants qui l'entourent, tout en admirant l'étrange façade de la chartreuse au portail d'entrée comblé.

LE VIEUX VALLDEMOSSA ★★

Il s'étend, entre autres, au-dessus de la plaza Ramón Llull et se compose d'étroites ruelles, pentues pour la plupart, et bordées d'anciennes demeures de pierre.

Port de Valldemossa ★

Sur une route très sinueuse, à environ 5 km de Valldemossa, ce petit port est un endroit charmant. Bien que la plage soit très petite et recouverte de galets, le lieu est calme et l'eau y est claire. Un petit restaurant, le Bar Es Port, possède une immense terrasse en hauteur. Il sert des tapas et une cuisine méditerranéenne.

Deià ★★★

Si vous ne descendez pas au port de Valldemossa, votre itinéraire se poursuit sur 10 km environ, dans un même panorama ponctué de miradors jusqu'à Deià, petit village (850 hab.) de toute beauté et pittoresque au possible :

l'église de San Juan Bautista le domine du haut de la colline, tandis que des maisons aux couleurs ocre, en terre ou en pierre, s'agrippent à la pente au milieu de massifs de pins, d'oliviers et de conifères. Les toits de tuiles semblent presque suspendus à la cime des arbres. La réputation du village est méritée, et il n'est pas étonnant que de nombreux artistes l'aient choisi comme source d'inspiration. Deià, où il est si agréable de déambuler dans les rues piétonnes, est fréquenté par des musiciens, des acteurs et bien d'autres. L'écrivain anglais Robert Graves est le personnage le plus célèbre de Deià. Il s'y retire dans les années 1920 et y vit jusqu'à sa mort (sa tombe est dans le cimetière à côté de l'église). David Templeton, peintre britannique, est installé ici depuis plusieurs années. Sa peinture entre hyperréalisme et trompe-l'œil mérite une petite halte. Le village possède une petite *cala*, une minicrique que les plus courageux peuvent atteindre à pied (comptez 1 heure de marche pour la descente, la remontée est beaucoup plus difficile !). Elle se trouve à la sortie du village, sur la route qui mène à Sóller.

CA N'ALLUNY – MAISON MUSÉE DE ROBERT GRAVES

Route de Deià à Soller (Ma-10), Km. 1
✆ +34 971 636 185
www.lacasaderobertgraves.org
info@fundaciorobertgraves.com

Robert Graves, l'une des grandes figures de la littérature anglaise du XXe siècle, a vécu dans cette maison de 1929 jusqu'à sa mort, en 1985. Cette magnifique demeure de 250 m² sur un terrain d'environ 2 200 m² a été reconstituée de manière très fidèle, grâce à des photographies retrouvées après la mort de l'écrivain. Vous y trouverez donc des documents, cartes, tableaux, notes personnelles. Vous pourrez également assister à la projection d'un petit film sur la vie de Robert Graves.

VISITE

Village de Deià.

LLUCH ALCARI

En quittant Deià (200 m après la sortie, un chemin mène à Cala Deià pour les moins courageux qui ne seraient pas décidés à y aller à pied), la route traverse Lluch Alcari.

Lluch Alcari est perché sur une colline en contrebas de la route Deia-Soller. Au sein d'une dense et luxuriante végétation méditerranéenne où dominent oliviers, pins et palmiers, ce hameau – considéré comme la plus petite zone habitée de Majorque – est le lieu de résidence de bon nombre d'artistes, surtout des peintres.

On appréciera une halte ici, ne serait-ce que pour goûter à la calme tranquillité qui se dégage des montagnes alentour. D'ici, une autre petite *cala* est accessible par un sentier : c'est l'endroit préféré des naturistes.

MAIRIE (AJUNTAMENT)

Porxo, 4
✆ +34 971 639 077
www.ajdeia.net

Il n'y a pas d'office de tourisme à Deià, mais la mairie accueille gentiment les touristes égarés ou en quête de renseignements sur le village. Nombreuses brochures sur place.

SON MARROIG

Route de Valldemossa à Deià, Km. 65,5
✆ +34 971 639 158
www.sonmarroig.com
info@sonmarroig.com

Son Marroig est une demeure qui appartint – entre autres – à l'archiduc Luis-Salvador d'Autriche. Il en fit l'acquisition au début du XIXe siècle et la réforma, insufflant également une nouvelle vie aux vastes jardins de la propriété. Son apport le plus célèbre reste néanmoins l'édification d'un imposant belvédère en marbre de Carrare donnant sur la péninsule de Sa Forada. Au premier étage, des souvenirs de l'homme témoignent d'une existence privilégiée, et on trouve quelques volumes du fameux livre de l'archiduc consacrés aux Baléares.

Sóller ★★

Situé dans une plaine d'orangers et entouré de hautes montagnes calcaires, ce gros bourg de près de 14 000 habitants, longtemps isolé du reste de l'île, s'est enrichi grâce à la culture des orangers (d'où son nom, qui signifie « vallée de l'or » en arabe). Réputé aussi pour ses glaces : ne partez pas de Sóller sans entrer dans la petite fabrique située dans le centre du village. Notez que la route directe Palma-Sóller peut s'avérer pénible quand vous passez le col de Sóller. Pourtant, elle offre un panorama saisissant sur les montagnes. Pour ceux que les virages en épingle à cheveux rebutent, un tunnel récemment construit et désormais gratuit devrait vous faciliter le passage. Sóller a sa personnalité propre, très espagnole. Ses balcons sont ornés de géraniums et ses palais des XVIIIe et XIXe siècles attestent de la prospérité d'une époque où la ville maintenait des relations étroites avec Sète, Toulon, Cannes et Marseille. Le lieu de rencontres à Sóller est la plaza de la Constitución, centre de la ville sociale. La façade de l'église et celle de la banque sur sa gauche sont assez étonnantes. Elles sont l'œuvre de Joan Rubió i Bellver, disciple de Gaudí.

Sóller.

OFFICE DE TOURISME
Plaça Espanya, 15
✆ +34 971 638 008
www.ajsoller.net
oitsoller@a-soller.es

À voir - À faire

Sóller peut se découvrir au fil des rails du train qui relie la bourgade à son port, autrement dit Port Sóller, distant de 3 à 4 km. A partir des hauts de Sóller, les rails filent vers la plaza de la Constitución où trônent les monuments emblématiques de Sóller, la mairie et l'église. Le dimanche, plus particulièrement en fin d'après-midi, les terrasses des cafés et des restaurants entourant la place sont prises d'assaut par les habitants et les touristes de retour de Port Sóller. L'heure du dernier train pour Palma approche (19h). Après une chaude journée, prenez le temps de vous rafraîchir avant d'entamer la route du retour. C'est le centre de la vie sociale à Sóller. De l'autre côté de la place, vous remarquerez la présence des rails vers la place du marché, bordée sur la droite par le lit de la rivière qui traverse la bourgade. Là où la ligne de chemin de fer disparaît entre deux habitations, une charmante ruelle (carrer Roma Guera), interdite à la circulation automobile, bordée de jolies maisons de pierre aux volets verts, file sur la gauche s'enfonçant dans le vieux Sóller. En l'empruntant, vous déboucherez dans la carrer Sant Marq. En remontant sur la gauche, au n° 13, vous découvrez le Musée municipal. Il est situé dans une belle et ancienne demeure où se distingue en façade un noble porche de pierre. Vous descendrez ensuite l'artère. Au niveau du n° 45, contemplez le cadre magnifique entourant Sóller, offrant un paysage de montagnes aux parois à pic. Vous verrez dans la rue de vieilles maisons, caractéristiques de l'habitat de Sóller. Puis, vous pourrez rejoindre la plaza America, avec ses platanes centenaires et sa fontaine de pierre. De là, vous vous engouffrez dans la carrer Gamelvia aux maisons plus récentes et aux impressionnants tilleuls se rejoignant pour former une voûte végétale. Puis la

Sóller.

Grande Via, grande rue à sens unique bordée de belles et grandes demeures, comme au n° 23 où vous admirerez une noble bâtisse à colonnades et portique datant du XVIIIe siècle. Au n° 15, une autre grande bâtisse à balcon et volets abrite le centre culturel de Sóller. Dans le prolongement de la Grande Via, les carrers Rectoria et Bança mènent à la plaza de la Constitución. Dans la carrer de Bança, vous trouverez une boutique spécialisée dans les objets en terre cuite.

CAN PRUNERA

C/ de la Lluna, 86-90
✆ +34 971 638 973
www.canprunera.com
museu@canprunera.net
Le bâtiment moderniste de Can Prunera (ses formes sinueuses combinant éléments du monde animal et végétal sont remarquables), construit entre 1909 et 1911 et classé Bien d'intérêt culturel (BIC), a été restauré pour accueillir une collection permanente dédiée à l'Art nouveau, composée d'œuvres d'artistes nationaux et internationaux qui ont appartenu à ce courant artistique ou s'en sont inspirés. Des expositions temporaires de qualité sont fréquemment organisées par cette galerie devenue l'un des emblèmes culturels de Soller.

JARDIN BOTANIQUE DE SOLLER

Route de Palma à Port Sóller (Ma-11) – Km.30,5
✆ +34 971 634 014
www.jardibotanicdesoller.org
jbs@jardibotanicdesoller.org
Au total, on trouve dans le jardin botanique de Soller 13 aires différentes (correspondant à 13 habitats naturels) visant à détailler la flore des Baléares (642 espèces), mais également celle des îles Canaries (174 espèces) et d'autres îles de la Méditerranée (167 espèces). On trouve également des collections d'arbres fruitiers, et aussi de plantes médicinales ; tout ceci dans le but principal de conservation des espèces endémiques, mais aussi de recherche dans différents domaines.

JARDINES DE ALFABIA

Route de Palma à Sóller, Km. 17
✆ +34 971 613 123
www.jardinesdealfabia.com
info@jardinesdealfabia.com
La maison, le jardin et le verger qui composent le domaine d'Alfabia forment un ensemble d'une grande beauté, tant et si bien qu'ils ont été déclarés jardins historiques artistiques. Dans la propriété d'origine maure, reconstruite au XVIIe siècle, on peut admirer un splendide plafond à caissons datant de 1170. Lors de la promenade dans les jardins, à travers bougainvilliers, magnolias et orangers, ne manquez pas la belle pergola de style Renaissance, reconstruite au XVIIIe siècle. Une promenade hautement recommandée à tous !

MARCHÉ

Plaça del Mercado
Tous les samedis matin, de nombreux stands s'installent sur la place du marché et les rues adjacentes pour proposer des fruits, des légumes, des produits typiques, mais aussi des vêtements. C'est l'un des marchés les plus populaires de l'île. Ne manquez pas de jeter un œil au stand de *Jabón de Mallorca*, cosmétiques naturels et artisanaux produits sur l'île (www.jabondemallorca.com). Un rendez-vous familial et populaire où l'on pourra aussi bien faire ses courses alimentaires que débusquer quelques souvenirs artisanaux et autres bonnes idées cadeaux !

Port Sóller

En descendant la vallée, à 3 km, le port de Sóller (près de 3 000 habitants) se découvre le long d'une grande baie en demi-cercle, très protégée. C'est l'une des premières stations balnéaires de l'île. Il en reste des constructions un peu vieillottes et une ambiance très familiale. Un petit tramway, encore plus suranné, relie Sóller à son port. La balade sur le paseo de la playa est des plus agréables. A partir de Port de Sóller, vous pouvez faire des excursions en bateau à Sant Elm, Cala Tuent, Cala Deià, Sa Caldera et Puerto de Valldemossa.

OFFICE DE TOURISME

Muelle Comercial
✆ +34 659 498 747
www.ajsoller.net
Devant le port de Sóller, grimpez la carrer Santa Catarina d'Alexandria. En haut de la colline, vous verrez tout le port et la Tramuntana d'un côté et de l'autre de la mer. Devant l'ermita Santa Catalina, un espace en teck a été aménagé pour vous permettre d'admirer la pureté de la côte et les falaises plongeant dans la mer. En journée, la montée jusqu'à ce site est un peu raide et très ensoleillée, mais cela en vaut vraiment la peine. Le soir, le site est délicatement éclairé.

BARCOS AZULES

Passeig Es través, 3
✆ +34 971 630 170
www.barcosazules.com
reservas@barcosazules.com
Excursions en bateau depuis le port de Sóller jusqu'aux sites idylliques de Sant Elm, Cala Tuent, La Foradada ou encore Sa Calobra. En combinaison avec le trajet en train, c'est une option idéale pour découvrir les paysages intérieurs et côtiers du nord de Majorque, sa culture, son patrimoine.

LE CAMI DE SA FIGUERA

De Port de Sóller à Fornalutx
Depuis le terminus du tramway du port de Sóller, empruntez le chemin de Sa Figuera. Passé une oliveraie, comptez 30 min jusqu'au col d'En Marquès, puis prenez à gauche (un fil de fer vous aidera à traverser les passages difficiles), puis à droite pour traverser la plaine, continuez ensuite sur la droite. Au croisement de Bàlitx, poursuivez jusqu'à Ses Moncades. De là, empruntez le chemin ascendant puis le sentier muletier. Traversez la route Sóller-Lluc et prenez la route de Fornalutx. Sur la plaça de España, faites une halte, avant de rebrousser chemin.

CLUB NAUTIQUE – NAUTIC SOLLER

C/ de la Marina, 4
✆ +34 609 354 132
www.nauticsoller.com
info@nauticsoller.com
Location de bateaux à moteur et excursions en kayak.

MUSEU DEL MAR

Camino Oratori de Santa Caterina d'Alexandria, 50
✆ +34 971 632 204
museudelamar@a-soller.es
Ce musée retrace l'histoire de Sóller, autrefois isolé du reste de l'île par la Tramuntana, qui s'était tourné alors vers la mer pour devenir ainsi le village de Majorque le plus ouvert, en communication avec le monde extérieur. Vieilles photos, calligraphies...

VERSION NUMÉRIQUE
OFFERTE
Obtenez votre guide numérique en scannant le QR code
ou rendez-vous sur le site
www.ebookfute.com
avec le code avantage
F6SXCS
petit futé
LE GUIDE QUI VA À L'ESSENTIEL
MAJORQUE
OFFRE VALABLE JUSQU'À L'ARRÊT DE COMMERCIALISATION DU TITRE EN FRANCE MÉTROPOLITAINE ET DANS LE MONDE ET SOUS RÉSERVE QUE LE NOMBRE DE TÉLÉCHARGEMENTS SOIT INFÉRIEUR OU ÉGAL AU NOMBRE D'EXEMPLAIRES DE GUIDES PAPIER IMPRIMÉS. FORMATS DISPONIBLES POUR SMARTPHONES, TABLETTES, LISEUSES ET ORDINATEURS PC OU MAC.
© PERFECTLAB - SHUTTERSTOCK.COM

Fornalutx ★★

À 4 km de Sóller, et 7 km de la mer. Fornalutx est considéré par beaucoup de Majorquins comme le plus beau village de l'île. Classé lieu historique protégé en 1972, ce petit village vaut plus qu'un détour. Il est dans un parfait état de conservation et de réhabilitation. En 1983, il a d'ailleurs reçu le second prix national d'embellissement et d'amélioration des villages d'Espagne. Ici tout est de pierre, du pavage des rues aux murs des maisons. Même les nouvelles demeures ont l'obligation d'utiliser la roche ocre locale en ornement.

Ce village de montagne a la particularité d'être bâti sur le versant du plus haut pic de Majorque, le Puig Major (1 445 m). Le site est impressionnant. En haut de la colline, du côté du cimetière, le calme et la beauté du site sont émouvants. La balade entre les maisons est agréable.

Dans les ruelles de Fornalutx.

Point de musées ni de discothèques, vous viendrez à Fornalutx pour vous promener, le temps d'admirer la nature sur les sentiers ou le village lui-même.

Balade dans le village. Fornalutx est un petit village de quelques centaines d'âmes, vous aurez donc rapidement parcouru toutes ses minuscules artères. Commencez par la tour carrée et crénelée de défense de Can Arbona du XVIIe siècle. Dans un état impeccable, elle est le seul rempart de Fornalutx. En empruntant le petit escalier qui la contourne, vous passerez devant la mairie (joli patio) puis devant l'étroit lavoir à l'eau claire et fraîche. Empruntez sur votre droite la calle Alba, vous y trouverez deux hôtels. L'hôtel Can Reus est une vieille maison restaurée au début du XXe siècle. Jetez un œil dans le hall, vous y trouverez d'étonnantes traces des styles Art nouveau et Art déco. L'éclairage à la bougie et la décoration soulignent le caractère exceptionnel du lieu. Juste à côté, le Petit Hôtel s'est quant à lui installé dans l'ancien couvent de Monges de la Caritat. Au bout de la rue, prenez à gauche et suivez la calle San Bartomeu puis, dans l'enfilade, la calle Bella Vista. Faites une pause à la Creu. Ce petit calvaire en bord de route est entouré d'un banc en pierre. Le point de vue sur la montagne et la vallée est parfait. En remontant par Nou Val, vous arriverez au petit cimetière typiquement méditerranéen de Fornalutx, perdu entre les oliviers et les amandiers. Retour par la calle Alberti Arbonna et la calle de la Plaça. Vous voici Plaça de España, au pied de l'église dont les origines remontent à 1229, mais qui a reçu ses dernières modifications en 1639 (d'où cette date au-dessus du portail principal). Puisque vous êtes monté jusque-là, prenez la volée de marches suivante. En redescendant par la calle Metge Mayol (ce n'est pas une rue mais un très long escalier), vous passerez devant deux maisons très typiques du village, Can Borras et Sa Casa d'Amunt (beau portail et tour carrée). Vous pouvez alors regagner la plaça de España et vous asseoir à la terrasse d'un café, sous les platanes.

Balade dans les environs. Au départ de Sóller, de Fornalutx ou de Binibassi, les randonnées ne manquent pas. Vous croiserez ici autant de marcheurs bâton à la main que de yachts dans le port de Palma ! Le point de départ de la balade de 3 heures environ est la Plaça de España. Elle vous fera prendre un peu de hauteur, vous surplomberez ainsi le village et toute la vallée. Continuez la rue de l'Eglesia puis la Tramuntana, qui se transforme en chemin dès la sortie du village. Vous grimpez entre les oliviers et les orangers. Traversez la route de Sóller et suivez les panneaux de bois. Fornalutx commence à se dévoiler à votre droite, tandis que les pins remplacent déjà peu à peu les autres arbres. Vous arrivez alors sur la route Del Puig Major ; restez sur la droite jusqu'au prochain panneau de bois qui vous entraînera sous les pins puis sous les majestueux chênes verts. Au croisement, prenez sur votre gauche en contournant un petit réservoir d'eau (destiné à lutter contre les incendies). Passez un petit col, puis vous commencez la descente vers Fortnalutx. Après quelques lacets, vous arrivez sur une route que vous empruntez sur 150 m. A la barrière verte, prenez le chemin empierré. Ce dernier devient cimenté à l'approche du torrent que vous devez suivre jusqu'à une barrière. Franchissez-la et traversez le torrent. Continuez à suivre le cours d'eau, vous apercevrez les restes d'une noria et d'une ancienne canalisation. Peu à peu, vous distinguez les vergers en terrasses, puis la route de Sóller à Formalutx et enfin, le chemin par lequel vous êtes sorti du village au début de cette randonnée.

Biniaraix

Situé en contrebas de Fornalutx, ce village typique de la Méditerranée lui est assez semblable : ruelles et escaliers, maison et sol de pierre. Moins restauré, un rien moins « parfait », Biniaraix n'en est que plus authentique. En parcourant ses ruelles, le visiteur perçoit la vie locale. En arrivant dans le village, ne cherchez pas à le parcourir en voiture, garez-vous et partez à pied. Outre le palais de Pinasar qu'il ne faut pas manquer, en descendant au milieu des vergers en direction de Sóller, vous trouverez une étonnante maison de style Art nouveau le long du torrent. Elle dispose de son propre pont de pierre et la demeure en elle-même est typique de ce courant.

Sa Calobra ★★

À partir de Lluch, cette plage est accessible en revenant sur Escorca. Elle est très bien indiquée, et c'est l'une des plus belles de Majorque. La route descend pendant 12 km sur 1 000 m de dénivellation, dans un paysage accidenté et chaotique de rochers sculptés par l'érosion, avant d'atteindre le niveau de la mer.

Ses zigzags terribles, serrés, noués, lui ont valu le nom de « route de la cravate ». Elle n'est pas déserte, bien au contraire, donc soyez très prudent, surtout en haute saison avec l'affluence des bus touristiques qui rend la route encore plus dangereuse. La plage est malheureusement envahie par des centaines de touristes que les bus « déversent » chaque jour. Il est donc conseillé de vous y rendre en début de matinée ou en fin d'après-midi. Une fois la voiture laissée sur le parking, une quinzaine de minutes de marche au travers de pins et de sentiers creusés dans d'immenses blocs de roche (toujours frais, un vrai bonheur sur le chemin du retour !), et sur un ponton qui longe la mer, une toute petite plage de galets, entourée par deux immenses colosses rocheux. L'eau y est vite profonde, un régal pour les courageux qui grimpent sur les rochers pour faire des plongeons. La petite balade dans l'ancien lit de la rivière est très agréable. Si la foule de la plage de Sa Calobra vous décourage, repartez vers la montagne en remontant « la cravate » dans l'autre sens, car, à 5 km, vous pourrez apprécier davantage la cala Tuent. Une belle crique entourée de falaises qui pourrait être vierge. Même s'il y a beaucoup moins de monde que sur sa voisine, vous n'y serez pas pour autant seul en pleine saison !

Lluch ★★

Au centre d'une belle vallée de la sierra Tramuntana, entourée de rochers calcaires aux formes étranges et de forêts touffues, Nostra Señora de Lluch est le centre spirituel de l'île. Fondé en 1250, le monastère est le plus grand et le plus connu des Baléares. Le bâtiment a été transformé plusieurs fois ; l'édifice actuel date des XVIIe et XVIIIe siècles. De nombreux pèlerins

Serra de Tramuntana.

viennent aujourd'hui encore y prier la Moreneta, une petite statue gothique de la Vierge, en bois sombre, exposée dans l'église. Tous les ans, en août, le monastère est l'objet d'un pèlerinage nocturne qui a lieu à pied à partir de Palma. Les villages des alentours organisent eux aussi des pèlerinages en ces lieux.

CENTRE D'INFORMATION DE LA SERRA DE TRAMUNTANA CA'S AMITGER

Carretera Lluc-Pollença, s/n
✆ +34 971 517 083
Quelques explications sur la faune et la flore de la Tramuntana. Quelques brochures sur les randonnées à faire, les zones de camping et sur les refuges peuvent être pratiques pour les marcheurs, elles ne sont malheureusement pas disponibles en français. Pour vous enregistrer au camping, il faudra passer par ce bureau.

À voir - À faire

Le monastère de Lluch est un point de départ idéal pour découvrir la région, l'une des plus belles de la sierra. A la boutique du monastère, vous trouverez une carte indiquant tous les chemins de randonnée. Les sportifs pourront remonter le lit du torrent Des Pareis, dont le cours est entrecoupé de nombreux tunnels. A partir de Lluch, il est possible également de pousser jusqu'à Pollença. La route passe entre le Puig Roig et le Puig Tomir (1 000 m) en empruntant la vallée d'en March. De superbes paysages en perspective.

ES CAMELL

Seuls deux panneaux vous annoncent le début de la balade, il faut traverser le terrain de foot, passer le pont, et lorsque vous serez devant une intersection, prenez le chemin de droite, et vous y êtes presque.
Balade assez facile d'environ 1 heure et demie au centre des reliefs karstiques, qui conduit à un rocher tout particulier, baptisé « le chameau » à cause de sa forme. Mais peut-être est-ce un dromadaire ?

JARDIN BOTANIQUE

✆ +34 971 871 525
Petit parcours fléché au milieu d'une végétation majorquine. Balade rapide et amusante si vous essayez de trouver la grenouille qui coasse !

MUSÉE DU MONASTÈRE

Santuari de Nostra Senyora de Lluc
Route Ma-2140
✆ +34 971 871 525
info@lluc.net
Installé au 1er étage du bâtiment principal, le Musée du Monastère fut créé en 1952 afin d'accueillir dans un premier temps les objets retrouvés lors des fouilles autour du lieu saint. Avec le temps, il en est venu à abriter dans ses huit salles aussi bien des vestiges préhistoriques que des vêtements traditionnels régionaux, des céramiques, des objets religieux et des tableaux de peintres locaux. Le Trésor de la Vierge, le Chemin de Croix (*Via Crucis*), dont les bas-reliefs ont été réalisés par Antonio Gaudí, se trouvent à gauche du bâtiment conventuel.

RELIEFS KARSTIQUES

En empruntant la route qui mène de Lluch jusqu'à Pollença, vous pourrez jouir de paysages karstiques absolument magnifiques.

LE NORD

Le nord de Majorque attire un tourisme familial, concentré autour du Port d'Alcúdia, une grosse station balnéaire sans charme. Au contraire, Pollença et la ville d'Alcúdia méritent une visite pour leurs vestiges romains et la tranquillité de leurs places. Le cap de Formentor, à la pointe de l'île, est un site naturel d'une beauté exceptionnelle : visite obligatoire !

Cala San Vicenç

A la sortie de Pollença vers le port, la route à gauche (bien indiquée) traverse la vallée de Sant Vicenç entre la sierra de Cavall Bernat à droite et la sierra de Sa Font à gauche. Le paysage de montagnes rocheuses a été sculpté par l'érosion et la tramontane. A 4,5 km, un peu plus loin, s'ouvre – entre les falaises la Cala Sant Vicenç – une belle plage de sable fin et une mer aux eaux translucides.

L'endroit, un peu reculé, est sensiblement plus tranquille qu'ailleurs : ici, vous chercherez d'abord le repos. On y constate déjà, malheureusement, les effets de l'urbanisation. La Cala Sant Vicenç est en réalité une station balnéaire créée autour de 4 petites *calas* : Barquès, Clara, Molins (la plus grande) et Carbó. Le soir, il y a peu d'ambiance, sauf dans les hôtels et les restaurants. A ce sujet, comparez les prix qui peuvent varier de manière importante. Ces écarts sont peu ou mal justifiés, si ce n'est par la situation de certains établissements.

ATALAYA DE ALBERCUIX, DITE « TOUR DE FORMENTOR »

Installée au début de la péninsule de Formentor, elle domine la mer ainsi que la route menant à la Cala Pi et plus loin au Cabo Formentor. A la fin du XVIe siècle, elle est érigée à près de 400 m d'altitude afin de surveiller la côte visitée, très régulièrement, par des pirates turcs venus piller les villages des environs.

COVES DE L'ALZINARET

Les Coves de l'Alziranet se situent à l'entrée de Cala Sant Vicenç, sur la droite de la principale route d'accès, au cœur du lieu-dit los Encinares et sa belle forêt de chênes. Ces grottes vraisemblablement découvertes par l'homme à l'âge du bronze étaient utilisées comme nécropole. Des fouilles archéologiques y ont été menées. Sur les 11 grottes « aménagées » (des bancs et niches ont été intégrées dans les plus grandes), la grotte n° 7, occupée dès 3 500 av. J.-C. semble-t-il, est considérée par les spécialistes comme l'une des plus belles.

OFFICE DE TOURISME

Plaça Cala Sant Vicenç
✆ +34 971 533 264
oitcsv@ajpollenca.net

Pollença ★

Pollença (près de 17 000 hab.) est une petite ville nichée au milieu d'une campagne fertile. Pollença est riche, elle a de beaux magasins. En outre, elle est culturellement très active, comme en témoignent ses galeries d'art, ses nombreuses fêtes traditionnelles et son festival international de musique et de peinture qui se tient entre autres, dans le superbe cloître du couvent Santo Domingo.

OFFICE DE TOURISME

1 Passeig Saralegui
✆ +34 971 865 467
www.pollensa.com
oitport@ajpollenca.net

À voir - À faire

De la grande place de Munnares, on accède au cœur historique de Pollença. On peut emprunter alors la carrer de Munar où la police locale s'est installée. On pénètre dans la carrer Alcúdia qui mène, sur la droite, directement à la plaza Major dominée par l'imposante église Notre-Dame dels Angels et entourée d'élégantes demeures où se sont installés quelques restaurants et cafés. En prenant sur la gauche, l'étroite voie conduit à la carrer Santo Domingo qui abrite le cloître du couvent du même nom et que précède un beau jardin. On trouve aussi d'antiques bâtisses de Pollença, des restaurants et quelques commerces. En poussant plus loin sur la rue Antonio Maura via la carrer Balaixa, on découvre l'église Montesion et, sur la gauche de l'édifice, les premières marches de l'escalier du calvaire, d'où s'offre une belle vue sur la localité et la plaine qui s'étend jusqu'à Port Pollença. Sur la droite du temple, un autre escalier mène à l'un des quartiers pittoresques de Pollença, avec ses étroites ruelles bordées d'antiques demeures aux façades de pierre percées d'arches, de portails et de fenêtres plus belles les unes que les autres. Une étroite ruelle relie la carrer Antonio Maura à la plaza Major. En l'empruntant, on débouche directement devant le portail principal de l'église Notre-Dame dels Angels surmonté de son œil-de-bœuf. Sitôt le portail passé, on pénètre dans la carrer del Templo, ruelle bordée d'un côté par quelques intéressantes maisons en pierre de taille.

Eglise de Pollença.

CASTELL DEL REI

La visite du Castell del Rei, ruines d'une ancienne forteresse situées sur un spectaculaire promontoire rocheux à 492 mètres au-dessus du niveau de la mer, est l'occasion d'une randonnée qui demande un certain temps et exige une bonne forme physique. Le site était déjà connu des Romains, mais fut aussi l'un des derniers bastions de résistance musulmane (avec le château d'Alaró) à la reconquête de Majorque pas Jaume I en 1229. Le château fut abandonné au XVIIIe siècle. Notez qu'un permis est à demander à l'office de tourisme ou sur le site de la mairie.

CLOÎTRE DU COUVENT DE SANTO DOMINGO ⭐

Guillem Cifre de Colonya, s/n

La construction du cloître du couvent de Santo Domingo, superbe édifice baroque, fut commandée par les dominicains vers la fin du XVIe siècle et livré par les architectes au cours de la deuxième décennie du XVIIe siècle. Les moines occupèrent le lieu jusqu'à 1833. Outre quelques pièces architecturales remarquables, dont le portail donnant sur le jardin, il renferme le musée municipal et sert de décor chaque année au festival de musique classique de Pollença.

ÉGLISE DE NOTRE-DAME DEL ROSER

Guillem Cifer de Colonya, s/n

C'est l'église du couvent de Santo Domingo. Conçue comme une basilique et possédant dix chapelles latérales, elle mérite également une visite pour les trésors artistiques qu'elle abrite, à commencer par un superbe retable baroque du XVIIe siècle (1651) exécuté par Joan Homs ainsi que le tombeau de Joan Mas (1520-1607), natif de Pollença et héros des batailles contre les envahisseurs arabes. Admirez également l'orgue construit en 1732, véritable joyau instrumental.

ÉGLISE DE NOTRE-DAME DELS ANGELS

Plaza Major

Dédiée à la sainte patronne Pollença, l'église Notre-Dame des Anges présente une large et haute façade très sobre percée seulement d'un portail et d'une rosace. Antérieure au XIVe siècle, elle est construite sur l'ordre des Templiers, puis devient possession de l'ordre des chevaliers de Malte. Vous remarquerez sa haute tour-lanterne érigée sur les vestiges d'une ancienne tour de défense. A l'intérieur, plusieurs peintures du début du XXe siècle et un beau retable datant de 1759.

GOLF DE POLLENÇA

Route de Palma à Pollença, Km. 49,3

✆ +34 971 533 216

A 2 km de Pollença, un beau golf aux greens bien entretenus. La vraie difficulté de ce très beau parcours sera d'éviter les oliviers plusieurs fois centenaires. Le panorama sur la mer depuis ce petit vallon est de toute beauté.

MUSEO DE POLLENÇA ⭐

C/ de Guillem Cifre de Colonya

✆ +34 971 531 116

www.ajpollenca.net/municipi/museu.html

museu@ajpollenca.net

Situé à l'intérieur du couvent de Santo Domingo, le musée abrite une collection de peintures contemporaines rassemblées à l'occasion du Prix international de peinture. Vous y trouverez également la collection Atilio Boveri, un mandala

bouddhiste, des peintures gothiques et la salle de la préhistoire qui contient Els Braus de la Punta, un objet en bois du IVe siècle av. J.-C. à valeur rituelle et funéraire. On trouve également une salle d'exposition de céramiques avec comme pièce-maîtresse la collection de marmites de Can Martorellet.

RUTA DE PEDRA EN SEC GR 221 ★★

www.gr221.info
jaume.tort@gmail.com
La route de la pierre sèche est une randonnée au départ de Pollença parcourant la Sierra de la Tramuntana. La route s'étend actuellement sur 167 km, et se divise en plusieurs étapes permettant de découvrir des lieux d'une extrême beauté : de nombreux vestiges historiques, des murs divisant les terrasses cultivables, des chalets... A chaque étape, les randonneurs sont réapprovisionnés et logés dans un refuge tel qu'un ancien monastère ou une ancienne mansion. Les trajets passent près des plus hauts sommets (1 000 m) et peuvent, bien entendu, être effectués partiellement selon le niveau et le temps dont chaque groupe dispose. Certains trajets durent quelques heures et les plus longs peuvent durer jusqu'à 5 jours.

PUIG DEL CALVARI

A la façon d'un Calvaire, les visiteurs accèdent à l'ermitage du Mont Calvari en empruntant un impressionnant escalier de pierre de 365 marches installé par l'ordre des Templiers, bordé de cyprès et ponctué de 14 croix de trois mètres de haut, qui commence au niveau de la Carrer Jesús. Au sommet, se trouve un oratoire baroque de la fin du XVIIIe siècle. Depuis cette plateforme panoramique, la vue est magnifique. Vous remarquerez un pont romain à deux arches, unique en son genre sur l'île, dont les habitants de Pollença sont très fiers.

PUIG DE MARIA

Mirador del Molí Vell
✆ +34 971 184 132
Une balade à pied de 3 km permet de visiter l'Ermita de Puig de María, situé au sommet de la colline. Il a été construit aux XIIIe et XIVe siècles et abrite un refuge pour les randonneurs. Il s'agissait jadis d'un monastère qui servait notamment d'école pour les filles de la noblesse. La légende raconte que trois jeunes filles auraient ici vu apparaître la Vierge. Pour s'y rendre, garez vous au Km.51,8 de la route Ma-2200, à l'entrée de Pollença, et suivez l'unique chemin, signalé par des panonceaux. Tout du long, la vue sur la baie de Pollença est splendide.

Port Pollença ★

Cet ancien village de pêcheurs (3 000 hab.) a su conserver son âme d'antan malgré l'accueil qu'il fait au tourisme. Rien à voir avec Port Alcúdia et son ambiance de fête foraine, ici, à certaines heures, vous vous croirez presque au bord du lac Léman. De son port ou de ses plages, vous admirez la baie superbe et vous vous mettez à rêver de partir à la découverte des deux caps qui ouvrent sur la mer. Les hôtels et les restaurants sont sensiblement plus chers qu'à Port Alcúdia, mais restent largement abordables et le visiteur y gagne beaucoup en tranquillité.

OFFICE DE TOURISME

Paseo Saralegui, 1
✆ +34 971 865 467
www.pollensa.com
oitport@ajpollenca.net

LANCHA LA GAVIOTA

Muelle Nuevo.
✆ +34 971 864 014
lanchaslagaviota.com
lanchaslagaviotasa@gmail.com

Le Cap de Formentor

« Là où est l'hôtel », comme disent les gens du coin. Sur la pointe nord de l'île, le cap de Formentor est d'une beauté extrême. C'est à voir absolument !

A partir du port de Pollença, la route vous y conduit (20 km). Elle commence par monter – ce qui vous permet de mieux apprécier la rade de Pollença – et continue jusqu'à Mal Pas, une colline surmontée d'un mirador. Vous devez absolument y faire une halte (vous ne serez pas les seuls !) : la vue sur la mer et sur les falaises est une splendeur. La route se poursuit en redescendant entre les pins et la végétation.

A partir de Formentor, la route se poursuit en beauté jusqu'au phare accroché à la pointe extrême (à environ 15 km de l'hôtel) du cap de Formentor. Se dressant à une hauteur de 208 m, il offre une admirable vue sur la mer ouverte. Par beau temps, les côtes de Minorque, distantes de 40 km, sont visibles à l'oeil nu. Les deux baies de Pollença et d'Alcúdia, séparées par une montagne, le sont encore plus, ainsi que la pointe ultime du cap de Ferrutx.

© SACK – ISTOCKPHOTO

Paysage rural près d'Alcúdia.

Excursions depuis la baie de Pollença vers la plage de Formentor et jusqu'au Cap de Formentor.

CENTRE HIPPIQUE – HIPICA FORMENTOR

Camino Son Pere, La Puebla
✆ + 34 609 862 703
www.hipicaformentor.com
info@hipicaformentor.com
A 20 km au sud de Port de Pollença. Propose des excursions à l'heure ou à la journée, ainsi que des séjours équestres.

REIAL CLUB NAUTIC

Muelle Viejo s/n
✆ +34 971 864 635
www.rcnpp.net – oficina@rcnpp.net
Club nautique de Port Pollença. Cours de voile, excursions et location.

SAIL & SURF

Passeig Saralegui, 134
✆ +34 971 865 346
www.sailsurf.de
info@sailsurf.eu
En face du bar Katy et de l'hôtel Illa d'Or.
Cours de planche à voile et de bateaux à voile. La baie de Pollença offre des conditions idéales pour l'initiation ou le perfectionnement.

SCUBA MALLORCA

C/ D'Elcano, 23
✆ +34 971 868 087
scubamallorca.com
info@scubamallorca.com
Cours et initiation à la plongée.

Alcúdia ★★

Située entre la baie de Pollença au nord et la baie d'Alcúdia au sud, cette petite ville fortifiée, à 60 km de Palma, est, sous le nom de Pollentia, la capitale romaine des Baléares au Ier siècle apr. J.-C. Une fois la ville prise aux Phéniciens qui l'ont fondée, le consul Caecillius Metellus l'organise avant de créer Palma. C'est sans conteste la ville la plus ancienne de l'île.

De cette ville, vous pouvez encore voir quelques ruines et surtout le théâtre. Elle est dévastée par les Vandales au Ve siècle, puis une nouvelle ville est fondée par les Maures qui lui donnent son nom actuel, Al Kudia signifiant « au sommet ». Le centre-ville est une invitation à la balade dans ses étroites ruelles et entre ses maisons de pierre. Mais Alcúdia, c'est avant tout de superbes murailles très bien restaurées (de l'époque de la Reconquête, XIVe siècle) qui font d'elle une ville fortifiée. Avec ces tours et les palmiers plantés au pied des murs de la ville, l'imagination vous transporte au Maroc devant une médina fortifiée. Un clin d'œil au passé et une visite incontournable !

OFFICE DE TOURISME

Paseo de Pere Ventayol, s/n
✆ +34 971 549 022
www.alcudiamallorca.com
turismecb@alcudia.net

Porte d'Alcúdia.

MARCHÉ D'ALCÚDIA

Plaza Alcúdia
Un marché très agréable qui prend place dans les ruelles de la vieille ville – autour du Paseo Mare de Déu de la Victòria – deux matins par semaine (la mardi et le dimanche), où vous pourrez faire vos provisions de produits gourmands mais aussi flâner dans les étals d'artisanat, vêtements, bijoux, etc. Il s'agit d'un des marchés les plus importants de l'île de par la quantité de produits qui s'y trouvent et l'ambiance cosmopolite et un brin festive qui y règne. On y trouvera aussi des étals proposant de savoureux jus de fruits frais faits sur le moment !

MURAILLES MÉDIÉVALES

La construction des ces imposantes murailles est ordonnée par le roi Jacques II à la fin du XIIIe siècle, afin de protéger Alcúdia des raids des pirates turcs qui sévissent alors dans toute la Méditerranée. Immense chantier, l'érection de ces murailles de 6 m de hauteur demande plus de 60 ans de travaux aux ouvriers et architectes royaux. Elles sont remaniées aux XVIe et XVIIe siècles sous le règne du roi Felipe IV. De cette époque, date la place forte de Sant Ferran que vous pouvez encore voir aujourd'hui sur la plaza de Toros.

MUSEO MONOGRÀFICO DE POLLENTIA

C/ Sant Jaume, 30
✆ +34 971 547 004
www.pollentia.net
patrimoni@alcudia.net
Petit musée – installé dans une bâtisse datant du XIVe siècle – exposant des objets de l'époque romaine trouvés lors

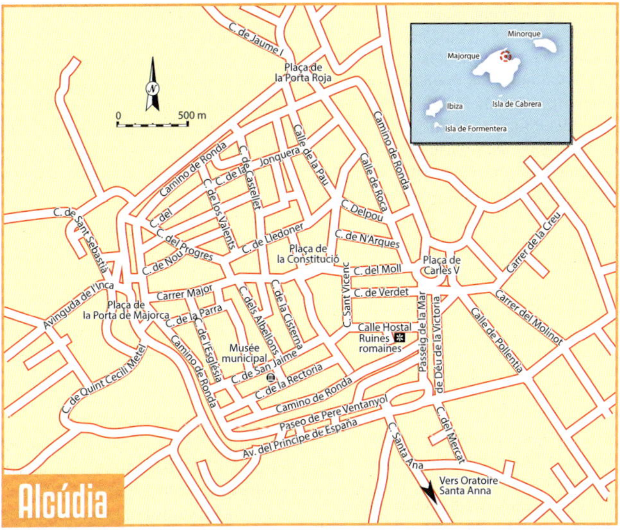

des fouilles dans la région et surtout sur le site de l'antique Pollentia. Cette collection d'objets va des objets du quotidien (ustensiles de cuisine, vaisselle, articles ménagers) aux ornements funéraires et esthétiques, complétée par quelques grandes sculptures et autres éléments architecturaux. Une visite certes courte mais instructive.

ORATOIRE DE SANTA ANNA

Disseminat, 9
Vous le trouverez sur le site des vestiges de Pollentia la romaine, à côté du cimetière.

Modeste construction religieuse du XIIIe siècle (dédiée à Santa Ana et San Joaquín), remaniée au début du XXe siècle, elle n'est constituée à l'intérieur que d'une seule nef soutenue par trois arcs de style gothique. Sur la façade au-dessus du portail, vous remarquerez un espace libre qui accueillait jusqu'à il y a peu de temps une fine statue représentant la Vierge de la Bonanova. Cette image, tout comme les retables et triptyques originaux, sont conservés au musée paroissial d'Alcúdia. L'oratoire se trouve à 400 mètres au sud de la ville fortifiée.

RUINES DE LA VILLE ROMAINE DE POLLENTIA ★★

Av/ Prínceps d'Espanya
✆ +34 971 547 004
www.pollentia.net
patrimoni@alcudia.net
Parking en terre battue attenant aux ruines.

Ces ruines sont celles de l'antique cité de Pollentia, fondée par les Romains en 123 av. J.-C. Le site abrite trois zones d'intérêt : la maison dite « Les Deux Trésors », le forum et le théâtre romain. Le forum abrite les fondations de bâtiments civils et religieux dont le plus important est, semble-t-il, le temple dédié à la triade divine Jupiter, Junon et Minerve. A la fin du IIIe siècle apr. J.-C., Pollentia a été prise et pillée et le forum transformé en nécropole.

Port d'Alcúdia

Situé à 3 km à l'extrémité nord de la baie d'Alcúdia, ce petit port est devenu une cité balnéaire très (peut-être trop ?) populaire. Le port d'Alcúdia bouillonne de monde et d'activités de juin à septembre. Entre les hôtels clubs et la mer, comme une traînée de poudre, s'étendent les bistrots, restaurants et magasins en tous genres. A Port d'Alcúdia, la mer est turquoise, la plage magnifique, longue et blonde, mais il manque un peu de sable pour les serviettes.

RANXO SES ROQUES

Av/ de França ✆ +34 644 02 90 22
www.ranxosesroques.com
info@ranxosesroques.com
Excursions à cheval dans la campagne et la forêt proposées tous les jours entre avril et octobre. Mini ferme avec des vaches, lapins, canards, chèvres...

TRANSPORT MARITIME BRISA

Passeig Marítim
✆ +34 971 545 811
www.tmbrisa.com
info@tmbrisa.com
Excursions en bateau dans la baie d'Alcúdia, vers le Cap Formentor ou vers la plage de Formentor.

WIND & FRIENDS

Baie d'Alcúdia
✆ +34 661 745 414
www.windfriends.com
info@windfriends.com
Ecole de planche à voile et de bateau à voile. Vous pourrez aussi louer une planche de stand-up paddle ou un kayak.

Parc Naturel de s'Albufera

Entre le port d'Alcúdia et Ca'n Picafort, se trouve la plus grande zone humide de l'île, S'Albufera, un vaste ensemble de terres basses qui a été déclaré parc naturel en 1998. Il s'agit là du premier espace naturel protégé des Baléares. Inondée durant presque toute l'année, cette zone a une importance écologique capitale, non seulement par la présence des oiseaux migrateurs, mais aussi par les nombreuses espèces végétales qui vivent dans ce milieu. La visite fera les délices des amoureux de la nature.

L'EST (LLEVANT)

L'est de Majorque, appelé Costa del Llevant, est caractérisé par un paysage plat et calcaire. De Canyamel à Porto Cristo, les plages de sable blanc sont entourées de falaises, beaucoup moins fréquentées qu'ailleurs en raison de leur difficulté d'accès. Dans cette région, vous pouvez traverser des kilomètres et des kilomètres de paysages désertiques, aux nuances ocre et rouge.

S'Estanyol

Vue privilégiée des hauteurs de Artà et de la Tramontana, le paysage devient magique lorsque le soleil se couche derrière la montagne. Beaucoup de rochers, mais quelques petites plages de sable fin bordées d'une eau cristalline. Le village, en soi, n'a rien d'exceptionnel, si ce n'est un calme agréable. La balade du front de mer est ravissante, et le petit port de plaisance tout à fait charmant.

Artà ★

La région d'Artà mérite le détour. La situation centrale de la petite ville (7 500 hab.) est idéale pour rayonner dans cette partie de l'île. Si vous venez d'Alcúdia, la route 712 vous conduira directement à Artà. Au départ de Palma, il faut prendre la C715 via Manacor. Artà, vieille cité, conserve un charme colonial. Au milieu d'une plaine, la ville se présente comme un ensemble de belles maisons bâties sur une petite colline dominée par l'église de San Salvador. Elle est plutôt préservée du tourisme. Le site offre une belle vue sur la campagne environnante et sur la sierra de Levante. Artà abrite un musée situé sur la place de la Mairie. Vous y admirerez des guerriers en bronze du Ve au IIe siècle av. J.-C.

ERMITA DE BETLEM

A 10 km d'Artà, en direction de Colonia Sant Pere.

Entreprendre la visite de cet ermitage – construction assez simple datant de 1805 dont la façade est garnie d'un cadran solaire et d'une rosace – est l'occasion d'une agréable balade ponctuée de points de vue sur la baie d'Alcúdia. Depuis l'urbanisation de Betlem, vous y accéderez en remontant la rue principale puis en prenant à gauche au carrefour de l'église. L'ermitage est situé au sein d'une zone préservée : n'hésitez pas à l'explorer de votre propre chef. En marchant ou à vélo, vous découvrirez d'intéressants petits recoins reculés comme le cap Farrutx.

PLAGES

La région d'Artà abrite de superbes plages, relativement peu fréquentées. En partant vers le nord, vous arriverez à la Cala Mitjana, puis à Cala Estreta. De là, vous pourrez emprunter le Camí dels Carabiners, qui parcourt toute la côte. Vous traverserez la plage d'Es Matzoc et sa tour défensive (vue magnifique sur le promontoire de l'Albarca) sous laquelle on trouve la falaise de Sa Falconera, repaire des faucons. En poursuivant, vous arriverez à la plage de Sa Font Celada, à une centaine de mètres de S'Arenalet d'Albarca, autre plage de sable blanc.

SANCTUAIRE DE SANT SALVADOR

Puig de Sant Salvador

Le sanctuaire de Sant Salvador est une chapelle entourée d'une citadelle défensive d'origine musulmane qui a été reconstruite plusieurs fois durant les XIIe et XVe siècles. Les remparts existaient déjà à l'époque musulmane et servaient de défense et de refuge aux habitants. Le sanctuaire lui-même fut érigé en 1342 sous l'impulsion de Pedro III, roi d'Aragon. C'est aujourd'hui un lieu paisible et reposant qui offre une magnifique vue sur Artà et ses alentours.

SES PAÏSSES

Lloc Poligon, 13

✆ +34 619 070 010

www.mallorcaweb.net/sespaisses

Classé monument historique après le traité de 1949, ce monument mégalithique qui date de l'époque talayotique (1000 av. J.-C.) est relativement bien conservé. Il ressemble à ceux, très nombreux, de Minorque.

Cala Mesquida

Une belle plage dont les Allemands ont fait l'un de leurs lieux de vacances préférés. Vous pouvez y aller à pied par un chemin balisé à travers bois, mais c'est très long (environ 8 km). D'autres plages, comme Cala Torta, Cala Mitjana, Cala Estreta et Cala Malsoc, sont bien plus tranquilles. Il faudra, pour les trouver, vous procurer un plan détaillé.

Cala Ratjada

L'ancien port de Cala Ratjada est devenu un important centre touristique. Dans une belle rade, les habitations défigurent malheureusement les très jolies plages de Son Moll et de Cala Aguila. Les hôtels sont nombreux, et les touristes aussi. La ville reste très soignée, beaucoup d'arbres, beaucoup de commerces, marché le samedi. Petite anecdote : ne vous étonnez pas si, dans certains bars ou restaurants, les employés ne

La marina de Cala Ratjada de nuit.

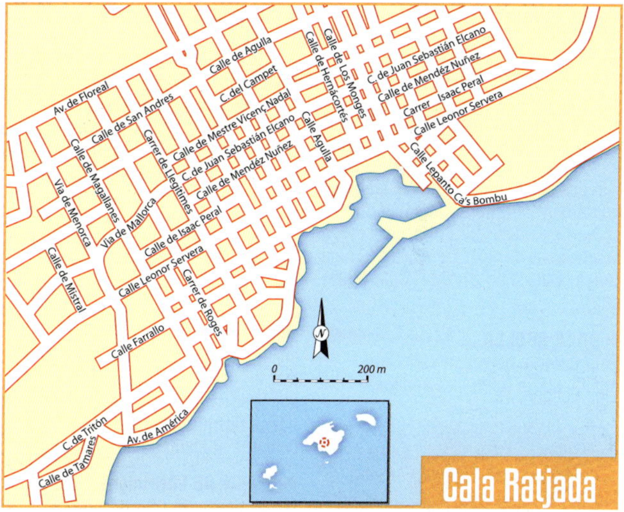

comprennent pas votre espagnol, c'est tout simplement qu'ils ne parlent que l'allemand.

OFFICE DE TOURISME

Av/ Cala Agulla, 50
✆ +34 971 819 467
www.ajcapdepera.net
turisme@ajcapdepera.net
A 1 km du port, en voiture, à vélo ou à pied, vous pouvez vous rendre jusqu'au phare de la Cala Ratjada. Très belle vue sur les falaises, spécialement au lever du soleil pour les plus matinaux.

CENTRE HIPPIQUE – EDDY'S REITSTALL

Carretera a Capdepera
✆ +34 630 150 551
www.eddysreitstall.es
eddysreitstall@hotmail.com
Excursions à cheval de 1, 2 ou 3 heures, notamment dans le cadre magnifique de Cala Mesquida. Également des excursions thématiques comme la sortie au coucher du soleil.

CLUB DE TENNIS – RANCHO BONANZA

Recinto Can Patilla
✆ +34 619 680 688
www.ranchobonanza.com
info@ranchobonanza.com
Excursions et cours d'équitation.

Cala de Sa Font ★

Une petite plage située non loin d'une source d'eau douce à 3 km environ de Cala Ratjada. Vous pouvez vous y rendre en autobus ou en petit train depuis Cala Ratjada.

Capdepera ★

La petite ville de Capdepera (12 000 hab.) se blottit au pied des collines sous son vieux château.
Capdepera est réputée pour son artisanat qui produit des paniers et des objets tressés avec adresse en palme. C'est l'un des coins préférés des Majorquins qui aiment la nature environnante. Ils suivent le petit chemin qui longe la côte à la recherche de coins tranquilles (S'Aiga Dolça, Cala d'en Sureda, Cala Mata, etc.).

CALA AGULLA ★★

Emprunter la déivation vers Cala Agulla, sur le route de Capdepera-Cala Ratjada
La magnifique Cala Agulla, baie garnie d'une dense pinède faisant partie d'une *Àrea Natural de Especial Interès*, se situe à un peu moins de deux kilomètres de Capdepera. Encerclée d'un terrain rocheux et composée de sable fin, cette plage, malgré ses dimensions fluctuantes pouvant varier de 10 mètres en fonction des saisons et des courants marins, est l'une de plus belle de Majorque et son accès aisé (sur la route de Capdepera-Cala Ratjada) a pour conséquence une forte fréquentation en été.

CAPDEPERA GOLF

Route d'Artà à Capdepera, Km. 3,5
✆ +34 971 818 500
www.golfcapdepera.com
info@golfcapdepera.com
Au km 3,5.
Dessiné par Dan Maples, le parcours du golf de Capdepera est spectaculaire avec ses 6 lacs et ses bosquets de pins. Les trous sont d'une longueur et d'une difficulté très variables.

CHÂTEAU DE CAPDEPERA ★★

C/ Castell
✆ +34 971 818 746
www.castellcapdepera.com
informacio@ajcapdepera.net
Il s'agit d'une enceinte fortifiée du XIVe siècle (édifiée sous Jaume II, fils du conquérant de Majorque Jaume II) dominant le village de Capdepera. Installé à 159 mètres au-dessus du niveau de la mer, le château était un point de vigilance de choix. Assez bien conservée, l'enceinte abrite la chapelle de Notre-Dame de l'Espérance, la tour de guet et la maison du gouverneur. Chaque année, durant le troisième week-end de mai, le Castell de Capdepera accueille un immense marché médiéval qui s'accompagne de représentations théâtrales, concerts et animations.

OFFICE DE TOURISME

Carrer Centre 9
✆ +34 971 556 479
www.ajcapdepera.net
informacio@ajcapdepera.net

Canyamel

Canyamel est un village de vacances fait d'hôtels et de petits immeubles. La plage, bien que bordée d'hôtels, reste très agréable.

CUEVAS DE ARTA

Carretera de las Cuevas
✆ +34 971 841 293
www.cuevasdearta.com
info@cuevasdearta.com
Magnifiques ouvrages de la nature, ces grottes sont bien présentées grâce aux effets de lumière. Pour ceux qui le souhaitent, on peut les rejoindre en bateau depuis Font de Sa Cala ou Cala Ratjada.

Port de Cala Ratjada.

GOLF CANYAMEL

Av/ D'Es Cap Vermell
✆ +34 971 841 313
www.golfcanyamel.com
casaclub@canyamelgolf.com
La déclivité naturelle a été conservée sur le parcours de Canyamel, c'est la raison pour laquelle il est considéré comme le plus difficile de l'île.

LES PLAGES

Cela représente 42 km de côtes avec de nombreuses criques, des plages de sable et une eau toujours propre.

TORRE DE CANYAMEL

Route d'Artá à Canyamel, Km. 5
✆ +34 971 841 134
www.torredecanyamel.com
info@torredecanyamel.com
La Tour de Canyamel figure parmi les édifices défensifs les plus remarquables de Majorque en raison de son âge, de sa bonne conservation et des vues splendides qu'elle autorise. De forme quadrangulaire, ses trois étages montant à 23 mètres de haut furent érigés au XIIIe siècle. Entouré d'une triple enceinte fortifiée, elle fut bâtie sur les bases d'une ancienne construction musulmane déjà destinée à la défense de la plage de Canyamel. Aujourd'hui, elle accueille des expositions, des concerts, ainsi qu'un petit musée dédié à son histoire.

Son Servera

Son Servera se trouve à côté de Cala Millor, la plus grande plage de l'est de Majorque. Grande cité balnéaire avec son lot d'hôtels (presque une centaine !) et de restaurants sur la plage.
Son Servera est beaucoup plus authentique, et vous trouverez dans les environs quelques hôtels ruraux d'une grande quiétude. Pour une journée de plage, préférez la Cala Bona, proche de Cala Millor, mais beaucoup plus tranquille.

GOLF SON SERVERA

Costa de los Pinos, C/ del Golf
✆ +34 971 840 096
www.golfsonservera.com
reservas@golfsonservera.com

Plage de Porto Cristo.

Cuevas del Drach.

A 100 m de la mer, entouré de pins et de montagnes rocheuses.

OFFICE DE TOURISME
Plaça Eureka ✆ +34 971 585 864
turisme.cm@sonservera.es

Porto Cristo ★

Ce petit port de 600 habitants (qui appartient en fait à la ville de Manacor) reste agréable malgré l'affluence. Ceux qui voudraient explorer la région auront choisi le bon endroit. En outre, les prix des hôtels à Porto Cristo semblent plus que raisonnables. De nombreuses possibilités d'excursions en mer s'offrent à vous à partir du port. Cette partie de l'île, très visitée, est montagneuse, mais les sommets ne dépassent pas les 500 m. La visite des grottes de Hams et de Drac vous fera encore plus apprécier la beauté des collines couvertes de caroubiers, d'amandiers et de figuiers.

OFFICE DE TOURISME
Plaça de l'Aljub
✆ +34 662 350 882

COVES BLANQUES
Au bout de la promenade qui longe la plage de de Porto Cristo.
Ensemble de grottes modifiées au temps du talayotique. Elles servaient de refuge aux marins et aux pêcheurs.

CUEVAS DEL DRACH ★★
Route de les Cueves
✆ +34 971 820 753
www.cuevasdeldrach.com
info@cuevasdeldrach.com
Majestueuses, elles se découvrent après un parcours de 2 km d'une beauté surprenante, grâce à la présence de 5 lacs. Elles sont devenues célèbres après que le père de la spéléologie, le Français Edouard Martel, a exploré, en 1896, le lac qui depuis porte son nom ainsi que, sur l'autre rive, la « grotte des Français ». Le lac Martel est le plus grand lac souterrain du monde (177 m de longueur, 40 m de largeur). Vous serez sensible à la beauté du parcours, aux efforts des guides, aux effets de lumières et à la musique d'accompagnement.

Cuevas dels Hams.

CUEVAS DELS HAMS ★

Route de Manacor à Portocristo, Km. 11
✆ +34 971 820 988
www.cuevasdelshams.com
info@cuevasdelshams.com

La découverte des grottes de Hams remonte à 1905. Moins vastes que celles du Drac ou d'Artà, leur originalité tient aux stalactites transparentes en forme de harpons (*hams* en catalan) et à leur beau lac souterrain (navigation proscrite !). Un petit film documentaire nous raconte l'histoire des grottes et de leur découverte par le spéléologue Pedro Caldentey Santandreu ; et un *show* de lumière LED accompagné de musique complète l'expérience immersive dans ce monde souterrain de stalactites et de stalagmites niché à 30 mètres sous terre.

HOUSE OF MAJORICA

33 Carretera de les Coves
✆ +34 971 869 250
info@majorica.com

Voici la toute dernière boutique de Majorica, le célèbre fabricant de perles de l'île. Elle s'étend sur plus de 1 000 m^2 et est consacrée tant à l'exposition qu'à la vente des produits de la marque. Cette superbe boutique est située à une centaine de mètres de l'entrée de Las Cuevas del Drach, ne manquez pas de vous y arrêter, ne serait-ce que vous le plaisir des yeux. Sur place, on trouve également une agréable cafétéria avec une belle terrasse ensoleillée où vous pourrez vous reposer ou vous restaurer. Une halte recommandée !

MARCHÉ

Paseo de la Sirena

Tous les dimanches matins, vente de produits locaux et artisanaux.

TORRE DEL SERRAL DELS FALCONS

Av/ Joan Servera Camps

La tour del Serra dels Falcos est une tour de guet et de défense construite en 1577 dans le but de surveiller la côte et de prévenir à temps les populations littorales d'un débarquement de pirates turcs. On lui ajouta deux terrasses en 1693, puis en 1769 un imposant canon en bronze. Partiellement détruite par les forces franquistes au siècle passé, elle fut reconstruite dans les années 1960. Sa situation, en bordure de falaise, est tout à fait remarquable.

Felanitx ★

Cette petite ville de 18 000 habitants est restée fidèle à elle-même et a su conserver son savoir-vivre. Vous goûterez le charme de ses ruelles et de ses maisons joliment coquettes. Vous apprécierez le calme de ses petites places ou la paisible animation de ses terrasses où s'attablent les autochtones. Le marché local, le dimanche, attire les amateurs de savoureuses *sobrasadas* et de bons vins du cru.
Les amateurs d'architecture visiteront le couvent de San Agustín, édifié au XVIe siècle et sa paroisse, construite en gothique tardif avec une belle façade du XVIIe siècle.

CERAMICAS MALLORCA

C/ Sant Agusti, 54
✆ +34 971 580 201
www.ceramicasmallorca.com
info@ceramicasmallorca.com
Jolie boutique pour trouver des plats, des vases ou des pots en céramique.

CHÂTEAU DE SANTUERI

Cami des Castell
✆ +34 691 223 679
www.santueri.org
info@santueri.org
Une forteresse du Moyen Age, construite au XIe siècle. Depuis ses tours de guet, à 400 m d'altitude, une vue magnifique récompense ceux qui s'aventurent à pied jusqu'au bout d'une route médiocre.

GOLF VALL D'OR

Route de Cala d'Or à Porto Colom, Km. 7,7
✆ +34 971 837 001
www.valldorgolf.com
valldorgolf@valldorgolf.com
Le parcours du Vall d'Or est assez ardu, sauf à jouer sur les hauteurs des fairways. Le club abrite une piscine, une salle de jeu et un restaurant qui sert tous les jours de l'année une cuisine savoureuse et de qualité.

PUIG DE SAN SALVADOR

La visite et la montée au Puig de San Salvador sont des plus intéressantes. La balade peut se faire à pied, à partir de la route qui va à Porto Colom. Après 2 km, un chemin balisé mène au Santuario de San Salvador. Vous y parvenez aussi en voiture en suivant la direction de Santanyi. Le sanctuaire a l'aspect d'une forteresse, mais il conserve un retable gothique et une image de la Vierge remarquables. S'élevant à près de 500 m d'altitude, la vue est époustouflante sur la côte, mais aussi sur les terres, jusqu'à la Tramuntana.

SON MENUT – FINCA ES RAFALET

Agrupació Son Tauler, 8
✆ +34 971 582 920
www.sonmenut.com
sonmenut@sonmenut.com
Carretera Felanitx-Campos, km 7,5.
Il s'agit d'une jolie ferme agricole transformée en pension et école d'équitation. Entourée de nature, c'est un endroit superbe pour randonner... à cheval !

LE SUD (MIGJORN)

Le sud de Majorque, appelé Migjorn, se caractérise par ses terres arides et ses eaux turquoise. Les plages de Es Trenc et Sa Ràpita sont baignées par des eaux particulièrement cristallines. D'ailleurs, elles sont classées zones naturelles d'intérêt, tout comme les salines, ce qui représente plus de 1 500 ha protégés.
La lumière dorée qui baigne le paysage en fin de journée offre un spectacle d'une grande rareté.

Cales de Mallorca ★

En poursuivant la route qui longe la côte, à partir de Porto Cristo jusqu'à Porto Colom, vous aurez l'embarras du choix en matière de plages. Elles sont une quinzaine, connues sous le nom général de Cales de Mallorca. Nous citerons notamment Cala Antena, Cala Romaguera et Cala Murada. Ces plages se situent soit sur le territoire de la municipalité de Manacor, soit sur celui de Felanitx.
La route Manacor-Felanitx vous fera découvrir un paysage inchangé malgré le tourisme.

Porto Colom

Ce paisible port de pêche résiste en apparence au tourisme. Ici, au milieu des pins, les villas et autres constructions semblent plus en harmonie avec la nature qu'ailleurs. Il est agréable de faire une halte à une terrasse du port, havre de paix et de tranquillité.

OFFICE DE TOURISME
C/ Cala Marçal, 15
✆ +34 971 826 084
www.portocolom.com

PORTOCOLOM ADVENTURES
C/ de la Mar, 2
✆ +34 971 825 842
www.portocolomdivingclub.com
clubportocolom@gmail.com
Ce centre de kayak et paddle surf est géré par Mido, un Égyptien expatrié sur l'île depuis de nombreuses années, et Magdalena, qui est originaire de Porto Colom. Plongeur professionnel, Mido a décidé de reconvertir son centre de plongée en 2017. Idéalement situé en bord de mer et en face d'une petite baie tranquille baignée d'eaux transparentes, Porto Colom Diving Club propose des sorties en kayak et padde surf à la découverte des grottes et des paysages secrets de la côte sud-est. Une façon très amusante de découvrir des lieux attractifs tout en s'activant !

Cala d'Or

Voici un autre exemple des dégâts de l'urbanisation sur l'île, causés en grande partie par le tourisme de masse. Construction massive d'hôtels et de résidences ont endommagé le paysage sur plusieurs kilomètres. Une véritable station balnéaire qui s'articule autour de plusieurs petites plages (néanmoins charmantes) et de petits ports qui servent à exposer bateaux et yachts de luxe.

Phare de Porto Colom.

Porto Petro

Ancien village de pêcheurs qui abrite dans son port quelques yachts et un grand nombre de barques de pêcheurs typiques, les llauds. Quelques restaurants se sont installés le long du port. Deux petites plages sont accessibles à pied, et un service de bus régulier vous emmène à la plage de Mondrago en 10 minutes.

Campos

A l'intérieur des terres se trouve le gros village de Campos (10 000 hab.). Fondé au XIIIe siècle, il a conservé ses tours de défense. Son activité principale est la récolte des câpres et des amandes, qui a lieu en été. Vous admirerez le bâtiment de la mairie, construit au XVIe siècle, ainsi que l'église de San Julian qui abrite un tableau de Murillo, le grand peintre sévillan du XVIIe siècle. Campos est également le nom de la commune qui englobe Colonia de San Jordi, sa Rápita et ses Covetes.

Les plages. Es Trenc, la plage la plus proche de Campos, est également l'une des plages les plus emblématiques de Majorque. Ses eaux cristallines et ses environs désertiques sont depuis quelques années l'un des meilleurs arguments de la municipalité. La Cala Santanyi, ainsi que les Calas Figuera, Modragó et S'Amanador, restent faciles d'accès et moyennement fréquentées. Il reste encore dans cette région des plages tranquilles, malgré l'apparition de quelques hôtels dans la grande baie où se succèdent Ses Covetes, la Rapitá et Punta Plana, jusqu'à S'Estanyol. Pour parvenir à ces plages, il faut marcher à partir de Ses Covetes ou de Colonia de San Jordi. Plus difficiles d'accès, les plages d'El Dolç, Es Caragols et Ses Roquettes auxquelles on accède soit en bateau, soit à pied en prenant des chemins de terre qui partent

Cala Mondragó.

Cala Santanyi.

de Colonia de San Jordi. Les routes qui y mènent ne sont pas goudronnées.

Colonia de Sant Jordi

C'est le point de départ idéal pour faire la traversée vers l'île de Cabrera, distante d'une quinzaine de kilomètres. Colonia de San Jordi est un cul-de-sac : quelques plages agréables, mais beaucoup de falaises. Le touriste s'en sert en général de passage vers l'île de Cabrera, mais une petite halte ne sera pas désagréable. Les plus accessibles sont les plages d'Es Port et d'Els Dolç, un peu plus loin vous trouverez la Cala Galiota, la Platja des Marquès et la Platja Estanys.

CENTRE D'INTERPRÉTATION DE CABRERA

C/ Gabriel Roca
COLONIA DE SANT JORDI
✆ + 34 971 656 282
Intéressant musée dont l'architecture rappelle les talayots, ces constructions mégalithiques en pierre emblématiques de Majorque et Minorque. La visite, très pédagogique, sert d'introduction à la visite de Cabrera. Plusieurs aquariums exposent notamment les diverses espèces présentes sur l'île.

EXCURSIONS A CABRERA

C/ Dofi, 13
COLONIA DE SANT JORDI
✆ +34 971 649 034
www.excursionsacabrera.es
info@excursionsacabrera.es
Excursions à Cabrera au départ du port de la Colonia de Sant Jordi. Possibilité de se restaurer à bord du bateau. Également deux excursions de 6h et une excursion « coucher du soleil » (3h).

Cabrera ★

Située au sud-est de Majorque, l'île de Cabrera mesure 7 km de long. C'est la plus grande d'une série de 17 îlots qui forment un petit archipel.

Si vous avez un bateau, vous jetterez l'ancre en toute liberté à proximité de n'importe lequel de ces îlots et vous découvrirez ainsi la beauté de cette Méditerranée préservée, si près des côtes... Et si loin de la foule. Cabrera ne peut être visitée, actuellement, que durant la journée. C'est un terrain militaire, et il est interdit d'y passer la nuit.
Le port de Cabrera est situé sur la face ouest de l'île. Le château en ruine qui le domine a été bâti au XIVe siècle pour la défense de l'île, que sa proximité avec Palma rendait stratégique. L'histoire de Cabrera est mal connue. Certains historiens estiment qu'au IVe siècle elle abritait un monastère qui a été supprimé par Grégoire le Grand. D'autres affirment qu'au début du XIXe siècle, entre 1809 et 1814, l'île a été un camp de prisonniers français capturés lors de la bataille de Bailen, où les armées de Napoléon ont été vaincues par les troupes espagnoles. Depuis 1916, Cabrera est une zone militaire d'accès très limité. Une autre raison de son isolement tient à la protection de l'écosystème de l'île et de son archipel. Cabrera est devenue une importante réserve naturelle pour les oiseaux en zone méditerranéenne. Si vous avez la chance de la visiter, ne manquez pas la Cova Blava (la caverne bleue) dont l'entrée ne peut s'effectuer que par la mer : l'eau y prend des tonalités tout à fait spéciales, et le spectacle est impressionnant.

MAR CABRERA

Calle Gabriel Roca, 20
✆ +34 622 574 806
www.marcabrera.com
info@marcabrera.com
Excursions à Sa Cabrera ou le long des plages du sud de Majorque.

Santanyi

De l'autre côté de la langue de terre qui s'achève au cap des Salines, Santanyí est un autre village fortifié du Moyen Age, qui conserve encore une belle porte médiévale, la Porta Murada, vestige d'une époque à laquelle de nombreux pirates écumaient cette partie de la Méditerranée. L'église du village mérite également une visite, car elle abrite un orgue baroque et la petite chapelle Capilla Dans Roser, remarquable oratoire romano-gothique.
A partir de Santanyi, la route tranquille du cap de Ses Salines constitue une balade agréable. Vous risquez de trouver moins de monde que sur les plages habituelles de la région (Cala Llombarts, Cala Mondragó) qui sont trop urbanisées, même si l'effort de préservation du paysage y a été plus important qu'ailleurs.

JARDIN BOTANIQUE – BOTANICACTUS

Route de Ses Salines à Santanyí, Km. 1
✆ +34 971 649 494
www.botanicactus.com
botanicactus@botanicactus.com
Un immense jardin botanique qui réunit sur 150 000 m² de nombreuses espèces végétales (un millier environ, pour 15 000 individus) : cactus (12 000 en tout, dont une bonne partie vient d'Arizona), bambous, palmiers, mais aussi des espèces endémiques de Majorque comme les oliviers, amandiers, grenadiers, pergolas... Une visite à Botanicactus donne l'impression de parcourir divers paysages du monde : des grands espaces du désert à la jungle luxuriante. Intéressant.

Le port de Cala Figuera situé au milieu de deux falaises.

Bateaux de pêche à Cala Figuera.

Cala Figuera ★

Non loin de Santanyí (6 km), Cala Figuera est un petit port au milieu de deux falaises qui a beaucoup de charme. Si vous êtes de passage pour la journée, faites une halte café au Bon Bar : ce café surplombe le port et offre la meilleure vue sur Cala Figuera.

PARC NATUREL DE MONDRAGÓ

Carretera de Cala Mondragó s/n
✆ +34 971 181 022
Cette zone de 785 hectares a été déclarée parc naturel en 1992 en raison de la très riche variété d'écosystèmes qu'il abrite : plages, côtes rocheuses, petites dunes, étangs, garrigues méditerranéennes, pinèdes, cultures traditionnelles… La mer reste le principal attrait de Mondragó. Le visiteur pourra se baigner à la magnifique plage de s'Amador au cœur d'une époustouflante mosaïque de paysages tout en admirant les espèces maritimes qui s'y logent. Le parc fait aussi partie du Réseau Natura 2000 en tant que zone de protection spécifique pour les oiseaux.

Cap Blanc

Un itinéraire vous invite à quitter Cala Blava (non loin d'Arenal) pour Bahía Grande et le Cap blanc, qui offre une belle vue ouverte sur la mer.
Vous piquez vers l'intérieur des terres pour visiter le village talayotique de Capocorp Vell (époque préhistorique).
Vous suivez ensuite les indications vers Cala Pi.

Cala Pi ★

Une très belle plage au fond d'une cala profonde. Le sable est fin, l'eau limpide et calme. Quelques embarcadères de pêcheurs bordent la crique aux eaux peu profondes. Fréquentation correcte en saison. Un restaurant de plage, un supermarché et un parking gratuit se trouvent à proximité de Cala Pi.

L'INTÉRIEUR DES TERRES

La découverte de l'intérieur des terres de Majorque est l'occasion de découvrir une ambiance rurale qui a gardé toute son authenticité. Le petit village de Sineu, où les locaux se retrouvent pour déguster le meilleur frit mallorquí de l'île, est l'un des plus charmants.

Manacor

Deuxième ville de l'île de Majorque avec environ 40 000 habitants, Manacor l'industrieuse est bâtie dans une plaine. De loin, elle apparaît comme une ville moderne, une impression confirmée par les grands immeubles qui entourent ses quelques bâtiments historiques. Cité industrielle sans charme particulier, le vieux Manacor est regroupé autour de son église de style gothique dotée d'un très beau clocher. La mairie est installée dans un ancien couvent du XVIIe siècle qui possède un joli cloître. Une tour du XVIe siècle subsiste sur la plaza Rubi.

Aujourd'hui, Manacor fabrique des meubles traditionnels. Activité essentielle, elle exporte les célèbres perles Majorica et perles Orquidea, qui lui ont valu une renommée internationale. Vous pouvez suivre leur fabrication dans les usines. Mais si Manacor est devenue célèbre, c'est surtout pour être la ville de naissance et de résidence de Rafael Nadal !

OFFICE DE TOURISME
Pl/ del Convent, 3
✆ +34 662 350 891
www.visitmanacor.com
turisme@manacor.org

Autre adresse : Plaza Ramón Llull

Céramiques vendues à Manacor.

ESGLESIA DE NOSTRA SENYORA DELS DOLORS

Plaça del Rector Rubí
✆ +34 971 55 43 48
Eglise construite à la fin du XIXe siècle. Son clocher est l'édifice le plus haut de la ville, plus connu sous le nom de Torre Rubí.

MARCHÉ

Plaça de la Constitució s/n
Marché alimentaire sur la place de la Constitució et marché général les lundis matin.

MARCHÉ D'ARTISANAT

Plaça de sa Bassa
Exposition et vente d'artisanat et produits locaux.

LE MUSÉE ARCHÉOLOGIQUE

✆ +34 971 550 100
A côté de l'église.
Il abrite des collections d'objets trouvés dans les talayots (2000 ans av. J.-C.).

MUSÉE D'HISTOIRE DE MANACOR

Route de Manacor à Cales de Mallorca, Km. 1,5
✆ +34 971 843 065
www.manacor.org
museu@ajmanacor.net
Installé dans la « tour des Enagistes », une enceinte défensive et demeure rurale des classes seigneuriales du XIVe siècle, ce musée aide à mieux comprendre l'histoire des invasions de Majorque. Les salles de ce joli petit château réunissent des éléments trouvés lors de fouilles de villages talayotiques ainsi que des pièces datant de l'invasion romaine. Bien que petit, ce musée d'histoire est intéressant et gratuit, il serait donc dommage de s'en priver !

PERLES MAJORICA

Via Palma, 9
✆ +34 971 550 900
www.majorica.com
info@majorica.com
C'est dans cette usine que l'on vous propose d'assister à la conception des perles uniques et organiques de Majorque. Celles-ci sont fabriquées manuellement avec les mêmes matières et caractéristiques que celles que produit l'huître. Lors de la visite de la fabrique, gratuite, vous verrez également le musée de l'enseigne, qui retrace ses 120 ans d'histoire. La fabrique est ouverte tous les jours de l'année, jours fériés inclus. Les horaires étant variables tout au long de l'année, il est préférable de consulter le site internet avant d'entreprendre une visite.

RAFA NADAL SPORTS CENTRE

Ctra. Cales de Mallorca s/n, Km 1,2
✆ +34 971 845 022
www.rafanadalacademy.com
sales@rafanadalacademy.com
De passage dans la ville natale de Rafael Nadal, c'est un bon prétexte pour jouer au tennis, d'autant plus que cette académie, créée par l'athlète, abrite des courts de tennis exceptionnels et des coachs hautement recommandables.

VILLAGE PRÉHISTORIQUE HOSPITALET VELL

Route de Cales de Mallorca, Km. 1
Le site de l'Hospitalet Vell est situé dans la partie sud de la commune de Manacor, à proximité de la côte en direction de Calas de Mallorca. Il s'agit de l'un des plus importants vestiges préhistoriques de Majorque. Il regroupe des ruines de la période talayotique jusqu'à la période romaine. La singularité du site tient dans la découverte de murs cyclopéens, très

éloignés de l'architecture talayotique, possiblement liés au recrutement de troupes mercenaires au IIIe siècle av. J.-C.

Algaida

Réputée, comme Randa, pour sa cuisine majorquine, Algaida (5 400 hab.) est la mini capitale d'une grande région productrice de figues. Les Majorquins la fréquentent surtout le week-end et viennent déjeuner dans la dizaine de restaurants qui se trouvent sur le chemin. Ce gros village est principalement connu pour la fabrication du verre.

GORDIOLA

Route de Palma à Manacor, Km. 16
✆ +34 971 665 046
Voir page 68.

MUSEU DEL VIDRE I FÀBRICA CAN GORDIOLA

Route de Palma à Manacor, Km. 16
✆ +34 971 665 046
www.conselldemallorca.net
admon@gordiola.com
Sur la route Palma-Manacor, à Can Gordiola, se trouve une fabrique/musée du verre. Dans ce grand atelier sous verrière (c'est là que fut installé en 1719 le tout premier four à verre de Majorque), vous assisterez, lors d'une courte visite, à une démonstration de fabrication du verre soufflé. On y vend des verres aux couleurs superbes. Le musée, très fréquenté, est situé au premier étage. Vous y découvrirez aussi l'histoire de la famille Gordiola. Une visite *kid-friendly,* gratuite !

Llucmajor

Cette ville d'un peu plus de 35 000 habitants est surtout connue pour ses usines de chaussures. Néanmoins, le couvent de San Buenaventura du XVIIe siècle, l'église paroissiale du XVIIIe siècle et un grand monument représentant Jaime III en pleine bataille nous rappellent que Llucmajor est une ville historique. C'est ici que le royaume indépendant de Majorque a perdu son indépendance.

La côte autour de Llucmajor est plus fréquentée que la ville elle-même, compte tenu de la proximité de Palma. Llucmajor est la capitale d'une zone très plate et ponctuée de moulins à vent.

BODEGAS VI REI ★

Carretera Cap Blanc, km 25
✆ +34 971 007 460
bodegasvirei.com
info@bodegasvirei.com
Une autre référence en matière de viticulture à Majorque. On cultive ici des variétés autochtones, telles que le Premsal Blanc, le Giro Ros, le Mantonegro ou le Callet, mais aussi des cépages venus d'ailleurs. Les Bodegas Vi Rei proposent des visites guidées, des séances de dégustation et des expériences plus exclusives dont une balade commentée à bord d'un petit train partant à la découverte des champs de vignes, suivie d'une dégustation de vins et produits gourmets (comptez environ 2h). Une visite aussi gastronomique qu'instructive !

IBEROSTAR GOLF SON ANTEM

Ma-19, sortie 20 ✆ +34 971 129 100
www.iberostar.com
Un même lieu pour deux parcours (est et ouest). East Golf Son Antem est surtout destiné aux débutants, même si ses cinq pièces d'eau compliquent le jeu. A l'inverse, West Golf Son Antem est plus difficile avec ses nombreux bosquets de pins.

Alaró

Cette ville de 5 500 habitants est bien connue pour son château du XIIIe siècle dont les ruines dominent la cime de la montagne, mais aussi pour ses anciennes industries et son église, située sur la place à arcades du village. Une trentaine d'usines de fabrication de chaussures étaient autrefois implantées à Alaró, dont il ne reste aujourd'hui plus grand-chose. Dans les alentours du village, l'hôtel rural S'Olivaret ravira les amateurs de demeures de charme et d'histoire.

Binissalem

Sur la route d'Inca, Binissalem est la patrie du vin et en vit presque exclusivement. Dédaigné par les touristes qui lui préfèrent le littoral et ses plages, ce charmant village mérite une petite visite. Ne vous fiez pas à ce que vous en verrez depuis la route nationale ! Autour de son église massive se dressent quelques platanes sous lesquels les marchands d'oiseaux viennent vendre pigeons, coqs ou canaris le samedi matin. Plusieurs caves de dégustation vous apprendront les subtilités de ce vin charpenté mais dont l'arôme est bien éphémère en bouche. Si vous êtes là en septembre, ne ratez pas les *festes des vermar* : une festivité qui a lieu tous les ans (et ce, depuis 50 ans déjà) après les vendanges.

OFFICE DE TOURISME
C/ de la Portella ✆ +34 971 886 531
L'office de tourisme se trouve à l'intérieur du centre culturel Can Gelabert, dans un beau bâtiment du XVIIIe siècle.

À voir - À faire

On arrive à la place de l'église par la carrer de la Concepción. Dans cette rue (carrer), on remarque une église et, au n°5, une vieille demeure dont la façade est agrémentée d'un joli porche. Place centrale de Binissalem, la plaza de la Iglesia est bordée de quelques commerces. Plantée d'arbres, elle abrite également d'étranges sculptures de vignerons et celle d'un tonnelier encadrant la volée de marches montant à l'église. Plus loin, quasiment au niveau du chevet de l'imposante construction, des maisons viennent d'être restaurées. On quitte la place de l'église par la carrer Llorenc Moya pour rejoindre la carretera de Palma. La direction est relativement bien indiquée. En chemin, à environ 500 m de la place, on aperçoit sur la gauche un charmant jardin où coule une joyeuse fontaine. Bordé par la carrer de la Portella qui doit son nom à l'antique porte de la ville encore debout à l'extrémité de la voie, ce jardin tout à fait rafraîchissant est le rendez-vous des mères de famille venues promener leurs enfants après les grandes chaleurs. A l'ombre, des infrastructures de jeux pour enfants ont été aménagées en face du vaste bâtiment qui borde tout un côté du jardin. Plus loin, la route conduit à la carretera de Palma. Les amateurs de vin trouveront moult viticulteurs pour leur faire visiter leurs caves. Alentour, les balades sous les amandiers et les oliviers peuvent distraire les autres.

BODEGA JOSE LUIS FERRER
Carrer del Conquistador, 103
Carretera Palma-Alcudia
✆ +34 971 100 100
www.vinosferrer.com
La visite est pour le moins enrichissante. Il s'agit d'une référence dans le monde du vin à Majorque. Les amateurs de vin pourront par ailleurs déguster quelques crus sur place lors de leur visite.

Église Santa Maria de Robines de Binissalem.

Inca ★

Troisième ville (31 000 hab.) après Palma et Manacor, agricole et industrielle, Inca vit grâce à ses usines de vêtements en cuir et à ses fabriques de chaussures de marque, très connues en Espagne et au-delà : Yanko, Lotusse, Camper... Au centre, peu de magasins de cuir mais plutôt des boutiques de marques dans les rues piétonnes. Le centre historique abrite également quelques monuments intéressants, dont la massive église Santa Maria la Mayor, entourée d'une place et de quelques bistrots aux terrasses apaisantes, et le couvent de los Dominicos. À la sortie de la ville, des points de vente et des fabriques de vêtements ou de chaussures proposent leurs collections. Ne manquez pas le marché du jeudi matin. Vous y trouverez toute la production agricole et artisanale locale.

COUVENT DE SANT FRANCESC

C/ Vent, 10

Erigé à l'aide de belles pierres de taille, si sa construction initiale date de la première moitié du XIVe siècle, les édifices actuellement visibles remontent au XVIIIe siècle et XIXe siècle. Avec leurs façades dénuées de toute ornementation, les différents bâtiments composant le couvent se caractérisent par une grande sobriété. L'église à nef unique mérite que l'on s'y attarde un moment pour apprécier les quelques œuvres du XVIe siècle qu'elle recèle, notamment une statue de Gabriel Moger et un retable de style Renaissance représentant la Purissima Concepción.

ÉGLISE ET CLOÎTRE DE SANTO DOMINGO

Av/ de les Germanies

Construite au XVIIe siècle, époque où le style baroque rayonnait dans toute l'île, cette église affiche une façade singulière, curieusement dépourvue des reliefs et des sculptures propres au style baroque. A l'intérieur, vous découvrez une nef bordée de chapelles latérales renfermant bon nombre d'objets de grande valeur artistique et de retables baroques, ceux

Le marché d'Inca.

du Rosaire et de Saint-Vincent étant les plus remarquables. A côté de l'église a été ajouté un cloître au XVIIIe siècle.

ÉGLISE SANTA MARIA LA MAYOR

Pl/ Orient, 36

Erigée sur le site d'une église antique, l'église Santa Maria la Mayor est un massif bâtiment baroque dont la construction s'est étalée sur près de deux siècles. Sa sobre façade, percée d'un portail sans relief, est dominée par une imposante tour-lanterne des XVIe et XVIIe siècles. L'intérieur abrite une œuvre peinte du XIVe siècle, ainsi que plusieurs statues de valeur dont celle représentant Santa Maria la Mayor remontant également à la même période. Deux beaux retables également.

MARCHÉ

Gran Vía Colon

C'est l'un des principaux marchés de Majorque. Il est célébré tous les jeudis sous les halles couvertes et alentours. A ne pas manquer !

MURO

A Muro (7 000 hab.), l'église du XIVe siècle, de style gothique, le musée ethnologique (fermé le lundi), ou encore l'oratoire de La Sang (XIVe siècle) intéresseront les passionnés d'histoire.

SANTA MARGARITA

Le passage par le village de Santa Margarita semble obligé si vous allez vers Artà. Mais vous pouvez aussi bien visiter Petra, sur la route de Manacor. Dans ce cas, surtout si vous ne pensez pas visiter Minorque, vous passerez par le village d'Ariany, où se trouvent des villages talayotiques. Un talayot est une sorte de tour construite avec d'énormes pierres non cimentées. D'un diamètre moyen de 15 m, le talayot pouvait atteindre 8 m de hauteur.

Sineu ★★

Ce petit village (3 700 hab.) a été fondé par Jacques II. Son église a été édifiée au XVe siècle. Petites rues piétonnes, places de charme ; le soir l'ambiance est à la fête de village lorsque les lumières de l'église s'allument. Mais pour ceux qui décideront de s'y rendre le mercredi matin, un immense marché envahit les ruelles. Bien que de plus en plus touristique, vous y trouverez également des produits régionaux et artisanaux.

CAN GILI – RICARDO GAGO

Carrer Major, 13

✆ +34 653 837 859

www.galeriacangili.com

info@galeriacangili.com

Il y a maintenant plus de 30 ans, en 1998, l'artiste-peintre espagnol Ricardo Gago acquiert cette maison ancienne nommée Ca'n Gili, qui depuis le XVe siècle était la demeure de la même famille, pour en faire à la fois sa galerie et son atelier de peinture. Si l'architecture-même de la maison, garnie de peintures murales médiévales ou datant de la Renaissance, est saisissante, c'est bien pour la prolixe et inspirée œuvre de l'homme que l'on s'aventure ici ! La galerie est ouverte au public et gratuite. Une petite perle dont la découverte est hautement recommandée.

LES RUELLES DE LA VILLE

En vous rendant sur la place de l'église, un panneau explicatif indique les lieux importants comme, entre autres, l'église Santa Maria.

MARCHÉ

Sa Plaça

Chaque mercredi, un des plus anciens (et des plus célèbres) marchés de l'île prend place dans les ruelles du village. En 2006, les habitants célébraient d'ailleurs l'anniversaire des 700 ans du *mercadillo.* Bien qu'il soit de plus en plus touristique, vous trouverez de nombreux produits régionaux, issus de l'agriculture ou de l'artisanat local, mais c'est également le seul marché des Baléares à vendre encore des animaux (lapins, oiseaux, chevaux...) comme cela se faisait au Moyen Age. Un passage obligatoire pour connaître un peu mieux l'authentique Majorque.

Petra

Ce petit village à quelques kilomètres de Sineu (3 000 habitants) est surtout connu pour être le lieu de naissance, le 24 novembre 1713, de Fray Junipero Serra (prêtre missionnaire de l'ordre des franciscains). On peut aujourd'hui visiter sa maison natale, une humble bâtisse majorquine du XVIIIe siècle, transformée en musée où sont exposés des souvenirs et des documents relatifs à l'évangélisation des Indiens de la Californie.

ELS CALDERERS

Carretera Sant Joan-Vilafranca, s/n

✆ +34 971 526 069

www.elscalderers.com

comercial@elscalderers.com

A 6 km de Petra.

Visite d'une ancienne *finca* typiquement majorquine, construite il y a un peu plus de 200 ans. La visite, qui dure environ une heure, montre le mode de vie des Majorquins à cette époque : agriculture, animaux de la ferme... Le prix de la visite inclut une dégustation de produits typiques.

MUSEO DE FRAY JUNÍPERO SERRA

C/ Barracar, 6-10

✆ +34 971 561 028

Musée consacré au moine Junípero Serra, né à Petra en 1713, fondateur de neuf missions en haute Californie qui sont, par la suite, devenues d'importantes villes telles que San Francisco et Los Angeles. Sa forte contribution à la création de l'état de Californie lui a valu d'être considéré comme une des « pères fondateurs de patrie nord-américaine » et par conséquent, un personnage historique d'une valeur indiscutable. Sa maison et lieu de naissance est également ouverte aux visiteurs.

SANCTUAIRE DE BONANY

✆ + 34 971 561 101

Construit au XVIIIe siècle, il se trouve sur la route de Manacor, à la sortie de Petra. A 317 m d'altitude, le lieu saint a été aménagé avec une allée de palmiers et de cyprès. Il offre une magnifique vue circulaire sur les côtes de Pollença et d'Alcúdia.

PENSE FUTÉ

Dans les rues de Pollença.

PENSE FUTÉ

Argent

- **Monnaie :** l'euro (€).
- **Coût de la vie :** d'un point de vue global, en Espagne, la vie est moins chère qu'en France. Cependant, ne vous enthousiasmez pas trop vite, car, aux Baléares, certains lieux touristiques pratiquent le prix fort. Mais d'une manière générale, les restaurants, l'hébergement, les spectacles, certains biens de consommation (chaussures, vêtements...) et tous les achats en supermarché sont un peu meilleur marché. Notez qu'il y a de fortes disparités de tarifs tant pour les hôtels que pour les restaurants, le shopping ou les loisirs selon les endroits. Par exemple, à Majorque, séjourner dans la région de Sóller coûte à peu près deux fois plus cher que de passer ses vacances sur la côte sud. De plus, en saison haute (juillet et août), le prix des hôtels est en moyenne multiplié par deux, voire trois pour certains établissements.
- **Moyens de paiement :** l'Espagne étant un pays de la zone Euro, vous pouvez y effectuer vos retraits et paiements par carte bancaire (Visa, MasterCard, etc.) comme vous le feriez en France. Inutile d'emporter des sommes importantes en liquide. Tous vos paiements par carte sont gratuits et vos retraits sont soumis aux mêmes conditions tarifaires que ceux effectués en France (ils sont donc gratuits pour la plupart des cartes bancaires).
- **Taxe :** la TVA (IVA) varie entre 10 et 21 % selon les produits. Faites attention, car elle n'est pas systématiquement comprise dans les prix affichés.
- **Pourboires :** théoriquement, le service est inclus dans l'addition. La coutume veut toutefois que vous laissiez un petit pourboire (propina en espagnol), comme en France, lorsque vous avez apprécié le service.

Bagages

En hiver, le temps est doux et clément, mais prévoyez toutefois un manteau chaud et des gants pour parer aux chutes du mercure à la nuit tombée. De mai à octobre, n'oubliez pas votre maillot de bain, et surtout un chapeau pour vous protéger du soleil. En mai, pensez également à prendre un parapluie, les averses sont fréquentes.

Électricité

Comme en France, les prises délivrent du 220 volts. Vos appareils fonctionneront normalement et sans adaptateur.

Formalités

Pas de formalités particulières, mais il est indispensable d'avoir une carte d'identité.

Langues parlées

Aux Baléares, on parle le catalan et le castillan. Vous n'aurez – soit dit en passant – aucun problème pour vous

Majorque en pointe pour la promotion du tourisme durable

Depuis le 1er juillet 2016, les visiteurs doivent s'acquitter d'une « taxe sur le tourisme durable ». Décision prise par le gouvernement qui veut favoriser un nouveau modèle touristique, orienté vers le développement durable. Depuis le 1er janvier 2018, elle varie, selon la saison et le type de logement, entre 0,25 et 4 € par jour.

faire comprendre dans les hôtels, les restaurants et autres magasins avec quelques notions d'anglais ou d'allemand (le français est moins parlé). Dans chaque île pourtant, une frange de la population continue, surtout dans les petites villes et villages, à parler le majorquin, le minorquin ou l'ibicenco, langues locales proches du catalan. A l'inverse, dans les villes et sur la côte, le castillan emporte la préférence de la population. A Ibiza, par exemple, l'ibicenco est de moins en moins parlé, résultat évident de la diminution des habitants de pure souche. Dans toute l'île – en réponse aux lois sur l'autonomie –, la langue locale est obligatoire dans les écoles ainsi que sur tous les panneaux d'information routière ou touristique. L'anglais est la langue des jeunes et du tourisme. L'allemand est devenu une langue presque courante en raison du grand nombre de résidents et de vacanciers allemands.

Quand partir ?

Le climat des Baléares, de type méditerranéen, paraît délicieusement doux en hiver puisque la moyenne des températures ne descend pas en-dessous des 12 °C. Le printemps, comme les mois de septembre et d'octobre, est très variable, mais c'est à cette période que l'on goûte les plus belles semaines de l'année, avec un ensoleillement parfait et une température idéale. La grande saison touristique commence en juin. Evidemment, pendant l'été, il fait plus chaud et beau (parfois même trop chaud dans les Pityuses), et juillet sonne le début de l'invasion touristique.

Santé

Aux Baléares, et donc en Espagne, vous êtes dans l'Union européenne, les risques sanitaires ne sont donc pas plus importants que chez nous. Il n'y a pas de paludisme en Espagne. Néanmoins, il est toujours préférable d'avoir de quoi se protéger des piqûres de moustiques et autres insectes, ne serait-ce que pour éviter perturbations du sommeil et autres démangeaisons.

Sécurité

- **Voyageur handicapé :** la plupart des grands hôtels possèdent des installations accessibles aux personnes handicapées.

Pour ceux qui préféreraient séjourner dans un hôtel rural ou un agrotourisme, il est préférable de se renseigner avant le départ, car toutes les chambres n'ont pas la même accessibilité. De petits pontons en bois sont installés sur certaines plages en haute saison et les secouristes de la Croix-Rouge se font un plaisir d'apporter de l'aide si besoin est.

Voyageur gay ou lesbien : Ibiza est le paradis de la communauté gay, très présente dans les bars et boîtes de la ville. Au contraire, Minorque est une destination familiale mais ouverte d'esprit. Au fin fond des terres de Majorque, les mentalités sont parfois un peu plus fermées que dans les alentours de Palma.

Voyager avec des enfants : vos charmantes têtes blondes seront de vrais poissons dans l'eau aux Baléares : la plage reste le meilleur moyen de les distraire. De nombreux parcs d'attractions se sont installés sur les côtes les plus touristiques, en particulier à l'ouest de Palma et au Port d'Alcúdia. Dans un autre genre, les stalagmites et stalactites des nombreuses grottes souterraines peuvent en fasciner plus d'un, notamment celles de Cuevas des Drach et dels Hams, les plus connues. Pour finir, la plupart des hôtels possèdent des équipes d'animation qui s'occupent des enfants (jeux, sports, spectacles, dessins... en fonction de leur âge) et tous vous aideront dans la recherche d'une nounou si vous souhaitez prendre un peu de temps pour vous.

Femme seule : bien que les habitants des Baléares aient hérité du sang chaud espagnol, les quelques sifflements et autres compliments restent « acceptables » de manière générale. Par contre, le regroupement des touristes éméchés à la sortie des bars et discothèques peut s'avérer moins plaisant. Il est donc préférable de faire attention la nuit.

Canyamel.

Faire / Ne pas faire

Faire

- **Si vous connaissez deux mots d'espagnol**, n'hésitez pas à les utiliser ! Ici, la population est habituée aux touristes et appréciera celui qui fera l'effort de parler espagnol, ne serait-ce qu'un peu...
- **Les Espagnols en principe ont horreur** du vouvoiement et bannissent de leur vocabulaire le mot usted, « vous » de politesse. Certes, il ne viendra pas à l'esprit d'un Espagnol de vouvoyer quelqu'un de son âge, cependant, il convient de vouvoyer des gens plus âgés et les employés.
- **Une particularité des îles** et de toutes les villes, c'est le respect d'autrui, où chacun déambule sans être jugé sur son apparence, sa religion ou ses coutumes.

Ne pas faire

- **Tâchez de ne pas entrer dans des discussions** à propos de l'usage du castillan ou du catalan, c'est souvent un débat sans fin.
- **Ne vous avisez pas** de faire vos petits commentaires à voix haute, car partout on remarque vite que vous êtes français, et les langages locaux ressemblent un peu au français. Aux Baléares, la population a l'habitude des touristes et, en un coup d'œil, reconnaît l'origine des vacanciers. En outre, de nombreux établissements ont des propriétaires français installés depuis longtemps qui sont susceptibles de vous comprendre.
- **En juillet et août,** les plages sont noires de monde et deviennent, entre autres, des cendriers ambulants. A défaut de ramasser les mégots des autres, évitez de laisser les vôtres !

Téléphone

- **Indicatif téléphonique :** 34.
- **Téléphoner de France à Majorque :** 00 + 34 + les 9 chiffres du numéro local.
- **Téléphoner des Baléares aux Baléares**, d'une île à l'autre ou dans la même île : les 9 chiffres du numéro local.
- **Téléphoner de Majorque en France :** 00 + 33 + indicatif régional sans le zéro + les 8 chiffres du numéro local.

INDEX

Cala Pi.

Le centre historique de La Palma peut se visiter en calèche.

E

F

G

H

I

J

L

M

EDITION

Directeurs de collection et auteurs : Dominique AUZIAS et Jean-Paul LABOURDETTE

Auteurs : Baptiste THARREAU, Antoine RICHARD, Nicolas KLEIN, Jessica ARONOV, Sarah PAROT, Joanna DUNIS, Jean-Paul LABOURDETTE, Dominique AUZIAS et alter

Directeur Editorial : Stéphan SZEREMETA

Rédaction Monde : Laure CHATAIGNON, Morgane VESLIN, Pierre-Yves SOUCHET, Natalia COLLIER

Rédaction France : Briséis CREAC'H-MENUT, Mélanie COTTARD, Audrey VEDOVOTTO, Nicolas WODARCZAK

FABRICATION

Maquette et Montage : Romain AUDREN, Julie BORDES, Delphine PAGANO

Iconographie et Cartographie : Anne DIOT, Julien DOUCET

WEB ET NUMERIQUE

Directeur Web : Louis GENEAU de LAMARLIERE

Développeurs : Guillaume BARBET, Adeline CAUX et Roland SPOUTIL

Intégrateur Web : Mickael LATTES, Antoine DION

Webdesigner : Caroline LAFFAITEUR

Community Traffic Manager : Alice BARBIER, Mariana BURLAMAQUI et Noémie LE SAUX

DIRECTION COMMERCIALE

Directeur commercial : Guillaume VORBURGER

Coordinatrice des Régies commerciales : Manon GUERIN assistée de Jonas HESOL

Account Manager Marketplace : Leila ROUGEOT assistée de Lola FAVRE-MOT

Responsable Régies locales : Michel GRANSEIGNE

Responsables Développement régie inter : Jean-Marc FARAGUET, Guillaume LABOUREUR et Camille ESMIEU

Chefs de Publicité Régie nationale : Caroline AUBRY, François BRIANCON-MARJOLLET, Perrine DE CARNE MARCEIN, Jonathan TOUTOUX, Amélie NOEL

DIFFUSION ET PROMOTION

Directrice des Ventes : Bénédicte MOULET assistée d'Aissatou DIOP

Responsable des ventes : Jean-Pierre GHEZ assisté de Nelly BRION

Relations Presse-Partenariats : Jean-Mary MARCHAL

ADMINISTRATION

Président : Jean-Paul LABOURDETTE

Directrice des Ressources Humaines : Dina BOURDEAU assistée de Sandra DOS REIS et Eva BAELEN

Directrice Administrative et Financière : Valérie DECOTTIGNIES

Comptabilité : Guillaume PETIT, Aminata BAGAYOKO, Jeannine DEMIRDJIAN

Recouvrement : Fabien BONNAN assisté de Sandra BRIJLALL

Responsable informatique : Elie NZUZI-LEBA

CARNET DE VOYAGE MAJORQUE

LES NOUVELLES EDITIONS DE L'UNIVERSITE
18, rue des Volontaires - 75015 Paris.
✆ 01 53 69 70 00 - Fax 01 42 73 15 24
Internet : www.petitfute.com
SAS au capital de 1 000 000 € - RC PARIS B 309 769 966
Couverture : Es Pontas, arche naturelle à Majorque
© Vit Kovalcik - stock.adobe.com
Impression : IMPRIMERIE CHIRAT - 42540 Saint-Just-la-Pendue
Achevé d'imprimer : avril 2023
Dépôt légal : 31/10/2022
ISBN : 9782305081298

Pour nous contacter par email, indiquez le nom de famille en minuscule suivi de @petitfute.com
Pour le courrier des lecteurs : info@petitfute.com

IMPRIMÉ EN FRANCE

PEFC 10-31-1895
Certifié PEFC
Ce produit est issu de forêts gérées durablement et de sources contrôlées.
pefc-france.org